U0925241

交通运输职业系列丛书

船舶引航员

交通运输部职业资格中心　编

北京交通大学出版社
·北京·

内 容 简 介

本书聚焦船舶引航员，介绍了这一职业的发展历程、职业价值和工作职责；结合船舶引航员职业研究相关成果，展现了船舶引航员职业能力、职业知识、职业技能、职业工具技术及职业环境等。本书还挑选了一些船舶引航员的故事来更立体地展示船舶引航员这一职业的风采。

本书可作为船舶引航员从业者及社会人员了解船舶引航员的读物；可作为海事相关专业学生志愿填报、择业及交通运输从业人员职业规划的参考书；也可作为职业研究者的参考资料。

图书在版编目（CIP）数据

船舶引航员/交通运输部职业资格中心编. —北京：北京交通大学出版社，2017.12

（交通运输职业系列丛书）

ISBN 978-7-5121-3443-0

Ⅰ.①船… Ⅱ.①交… Ⅲ.①交通运输-基本知识②船舶航行-领航员-基础知识 Ⅳ.①U675.5

中国版本图书馆CIP数据核字（2017）第293592号

船舶引航员

CHUANBO YINHANGYUAN

责任编辑：谭文芳　　助理编辑：龙嫚嫚

出版发行：北京交通大学出版社　　电话：010-51686414

北京市海淀区高梁桥斜街44号　　邮编：100044

印 刷 者：北京艺堂印刷有限公司

经　　销：全国新华书店

开　　本：170mm×235mm　　印张：12.75　　字数：264千字

版　　次：2017年12月第1版　　2017年12月第1次印刷

书　　号：ISBN 978-7-5121-3443-0/U·285

定　　价：58.00元

本书如有质量问题，请向北京交通大学出版社质监组反映。对您的意见和批评，我们表示欢迎和感谢。

投诉电话：010-51686043，51686008；传真：010-62225406；E-mail：press@bjtu.edu.cn。

本书编写成员

主　编：申少君　薛一东

副主编：黄　磊　陆悦铭

前言

职业是为了实现社会分工，为劳动者创造社会财富，从而获取主要生活来源而划分的工作类别。一个行业的职业发展状况，反映了这个行业的发展水平，尤其是这个行业应用科学技术的水平。无论是一个企业的生产组织，还是一个行业的管理方式，都要遵循这个行业的职业发展规律。无论是一个企业的人力资源开发，还是一个行业的职业教育培训、从业人员管理等，都要遵从职业发展的内在要求。为帮助交通运输行业从业人员全面、深入、系统地认识交通运输职业，进一步学习掌握有关职业知识，强化职业意识，提高职业能力和职业道德水平，同时为社会大众全面了解交通运输职业，为大家正确选择适合自身特点和兴趣的职业，交通运输部职业资格中心会同有关单位和专家在对交通运输职业进行深入研究的基础上，计划从今年起陆续编著交通运输职业系列丛书。

本书围绕船舶引航员这一小众、鲜为人知，但对交通运输行业又极为重要的职业展开，讲述这一职业在人类水上运输发展史中的产生、演变、发展、作用及其地位。本书展示了对船舶引航员职业的研究成果，从职业能力、职业知识、职业技能等维度剖析了船舶引航员的职业胜任素质，从新工具、新技术应用的角度展望了船舶引航员这一职业未来可能发生的变化。本书还辑录了部分古今中外引航员的故事，希望为读者呈现更为真实的船舶引航员的方方面面。

本书的编写得到了交通运输部水运局、交通运输部海事局、中国引航协会、丹东港引航站、锦州港引航站、营口港引航站、大连港引航站、秦皇岛港引航站、黄骅港引航站、唐山港引航站、天津港引航中心、威海港引航站、青岛港引航站、日照港引航站、连云港引航站、大丰港引航站、上海港引航站、长江引航中心、宁波引航站、舟山引航站、厦门港引航站、广州港引航站、深圳港引航站、湛江港引航站、汕头港引航站等单位的大力协助，在此一并表示感谢。

水平所限，疏漏和纰误在所难免，敬请批评指正。

交通运输部职业资格中心
2017 年 11 月

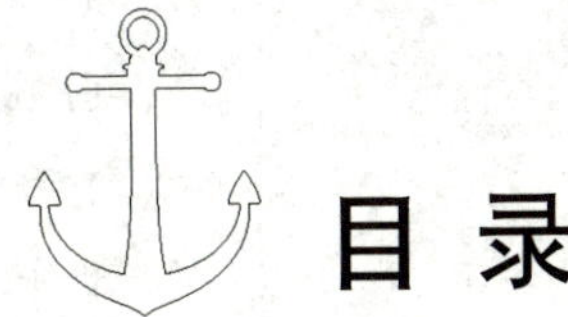

目录

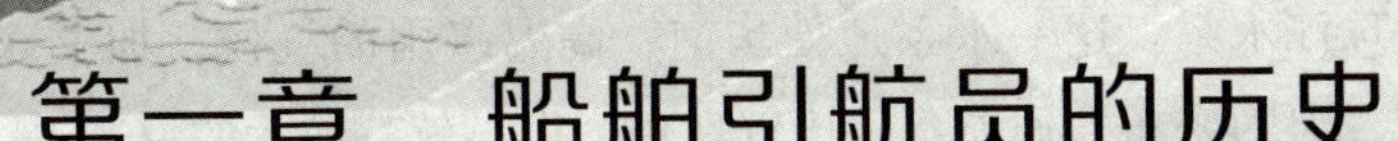

第一章　船舶引航员的历史

第一节　中国古代航运业的背景条件

作为航运中的一项专门业务，引航工作的产生与航运业的发展密不可分，也是社会分工越来越细的表现。欲探究中国船舶引航员（简称引航员）的情况，必先了解我国古代航运业的自然条件和社会经济背景。

一、中国古代航运业的自然条件

中国是一个兼具陆地和海洋的大国，地处亚欧大陆东部、太平洋西岸，使中国自古以来就拥有丰富的水运资源，包括大大小小的适航河流、湖泊，以及广阔的环太平洋海域，构成了中国人天然的航运空间。大致来说，这个水运网络可以分为以下几个部分。

一是长江水系。长江横贯中国东西，流程 6300 余公里，大小支流 3600 多条，还有众多湖泊散布于流域内。这一水系，构成了中国腹地最大的航运网络，沟通了中国东西部，也使流域内各地区连为一体。早在春秋战国时期，南方的吴国、楚国都积极开发境内的水运资源，为自己的争霸事业服务，长江水系区域性航运由此得到了较大开拓。秦汉以后至明清，虽屡经战乱、分裂和统一的循环更替，长江水系的航运价值却得到了充分利用，干流与支流之间，支流与支流之间，以及长江水系与邻近水系之间的航路，都得到了进一步开拓。值得一提的是，隋朝大举民力，在历代努力的基础上，开通了连接长江水系、淮河水系及黄河水系的大运河；元朝时又把大运河连到了海河水系，这样，南北水运体系已连成一个整体。

二是珠江水系。这一水系地处华南，高温多雨的气候，加上珠江三角洲地势平坦、河网密布，通航条件比较理想，很早就有航运的痕迹。

三是黑龙江水系，地处东北亚地区，包括黑龙江、松花江和乌苏里江，虽有冰冻等因素，但在该地区仍有重要的航运价值。中国人民曾沿黑龙江航道东出鞑靼海峡，经略库页岛。

四是西太平洋边缘海域。这一广阔的水域，包括日本海、渤海、黄海、东海和南海等，是中国内陆居民走向海洋，沟通日本、东南亚地区、中国台湾地区及更远的南亚地区、西亚地区、美洲和非洲的通道。早在汉朝时期，中国就与日本建立了交通联系。此后，经由朝鲜半岛，跨越朝鲜海峡，就成了中国与日本之间交往的捷径。除此之外，还有两条沟通中国与日本的航道：一条是从山东半岛出发，经过黄海，到达日本西部；另一条是从浙江沿海出发，经过东海再到达日本。唐宋以后，中国远洋航运和海上贸易繁荣，“海上丝绸之路”成为沟通中国与南亚、西亚、东非地区以至欧洲的纽带。这条航路从东南沿海的泉州、宁波、广州等港开始，经南海，过马六甲海峡，跨印度洋，抵达南亚、西亚地区和非洲东海岸。航迹所至，经济文化交流与对话的桥梁即搭起，其影响则远至欧洲大陆。近代以来，欧美各国进入中国经济文化圈，中国人走向世界，无不经由此通道。可以说，西太平洋边缘海域，是连接中国与世界的蓝色走廊，是中国古代航海的摇篮。

我国还是一个湖泊较多的国家，面积大于1000平方千米的湖泊有11个，面积1平方千米以上的天然湖泊有2300多个。由于纵横交织的江、河、溪、渎，把湖泊与周围的大小湖荡串联起来，形成了丰富的水系。鄱阳湖、洞庭湖、太湖、洪泽湖和巢湖的航运比较发达。

丰富的水运资源，为中国的水运发展提供了广阔的空间。一代又一代中国人，就在这里创造了令后世赞叹不已的光辉业绩。

二、中国古代航运业的社会经济背景

中国古代航运业的兴起和发展，与当时商品经济的发展、各地区之间贸易和交通的需求是分不开的。商品经济的发展离不开交通运输的保障，前者反过来又会推动后者的进一步发展。就航海来说，唐以前的航路探索为“海上丝绸之路”的贸易兴盛奠定了基础。而唐宋时期海上对外贸易的繁荣，又推动了东南沿海民间航海业的繁盛。

中国古代的社会经济环境中，还有一个特点也与航运业的发展密切相关，那就是以皇家为核心的上层消费。从皇帝到普通官吏，从朝廷到地方政府，都有一些与普通老百姓不同的奢侈消费需求，如各种金银珠宝、香料及其他稀见品。这些东西，有的在官府所在地就能生产，有的则须长途运送，还有的更须从海外获取。皇家的奢侈消费因此构成了官方航海活动的动机之一。另外，元朝以后，封建王朝多定都北方，而经济中心却已经南移至长江中下游地区。于是，元、明、清三代，除了明初定都南京的几十年外，几乎每年都需要从南方征集大量粮食，以供给首都，数量之大，达数百万石。这么多的粮食要运到北方，只有走水路运输。先是经由大运河，后来又开辟了海上运输的航线。六百多年间，南粮北运的需求，始终是水运业的一个重要支持力量。

商品经济的发展，地区间交通的需求及以皇家为核心的上层消费的需要，构成了中国古代航运业发展的社会经济背景。

第二节　中国古代航运业的发展及引航员的出现

一、中国古代航运业发展简史

中国古代航运业有着悠久的历史。从考古发掘来看，新石器时代发源于山东半岛的黑陶文化（又称龙山文化），范围遍及中国东部沿海，北起辽东半岛，南至福建、广东和中国台湾地区。同一种文化如此大范围地分布于东部沿海地区，不能仅仅解释为偶然性的作用。显然，这之间不能排除文化传播的因素。在这个传播过程中，或许就含有航运的胚胎。新近研究认为，这一时期的黑陶文化和百越文化不仅通过海上途径传播到了辽东半岛、中国台湾地区，还传播到了日本、东南亚、大洋洲等太平洋诸岛，其传播方式则是使用独木舟或竹木筏，借助于太平洋上的洋流来漂航。

夏商时期，舟船制造技术有了改进，木板船和帆大约出现于这一时期。到了春秋战国时期，造船技术更有了进步，船舶变大了，楼船、浮桥船都已出现。南方的吴、越两国和北方的齐国，为了争夺霸权，都发展了水军，经常进行联合编队的大规模水上军事行动。秦国为了攻打南方的楚国，曾动员上千艘船，装载大批士兵和粮食，浩浩荡荡自长江顺流而下。国内沿海航线，台湾海峡两岸之间，也都已经开辟出来了。可见，这时期航运技术和规模都达到了较高水平。北方的燕、齐两国的航海人员顺着日本海左旋环流，从山东半岛或辽东半岛出发，经过朝鲜半岛，可以到达日本，后来又开辟了一条经过对马岛直航日本北九州的航线，至此，与日本之间的海上航路也已开通。

秦汉魏晋南北朝时期，航海业进一步发展，天文学用于航海有了发展，星象观测已用来导航，操帆驶风技术已完备，造船技术也得以提高。大到乘载上千人的楼船，小到精致灵巧的小舟，性能都比以前更加优越。大规模造船的能力发展起来，年可造数百成千艘船，在当时已不令人惊异。海上交通更加兴盛，北起黄海乐浪，南到南海交趾，都建立了海上交通线。船只东北可到朝鲜、日本，往南及西南方向可到南亚、东南亚诸岛和印度半岛。秦始皇派出载有数千童男童女的船队东航，盛传曾到达日本。这虽然是一个被众人不断塑造的“故事”，但透过神秘主义附会的重重迷雾，我们不难发现当时人向海外发展的强烈愿望。东汉时班超派遣甘英出使大秦（今罗马），虽未完全成功，也同样反映了这种愿望。不久，罗马皇帝安东尼（即《后汉书》中的“大秦王安敦”）派使臣由海道入中国。东西方共同的努力，促成了东西航路的连通。三国时期和南北朝时期，中国与东南亚、南亚地区各国间的海上经济文化交流更加频繁。

盛唐时代，中国国家统一，经济繁荣，文化发达，走在世界各国的前列，对外实行开放政策，与外国的经济和文化往来十分频繁，海上交通十分发达。当时两条旧的远洋航线，即从山东半岛或浙江向东到朝鲜、日本，以及从广州出发到南亚、东南亚、印度、波斯、阿拉伯等地，都已为航海家们所熟悉。当时的航海人员已能掌握中国东南沿海的季风规律，每年十一二月吹北风时从广州出海，五六月吹南风时回航。波斯湾风浪险恶，但中国造的大海船抗风浪能力较强，相对安全。波斯、罗马和阿拉伯商人经由海道来华，多爱搭乘中国的大海船。

宋元时期，航海技术进一步提高，海外交通进一步发展。北宋时，指南针开始用于航海导航，后又制造了磁罗经，使船只能在海上辨别方向，引导航行。这时人们对潮汐规律已有了相当的研究，并将其运用于航海。著名学者沈括在其《梦溪笔谈》中，对于潮升时刻与港口常规时差，都有明确的定义。另一位学者吕昌明，则于公元1056年（北宋嘉祐元年）编制出了潮汐表，名为《四时潮候图》。海图的绘制也开始出现，并运用到航海中去。这一时期，中国的造船技术在世界上居于领先水平，中国船只畅游于西太平洋、印度洋航线。海外贸易非常发达，泉州、广州、杭州、明州（今宁波），都是繁荣的外贸港口。政府在这些港口设置市舶司，负责航海船舶的进出口管理、海船进口货物的抽税和查禁，并管理居留本地的外国商人，相当于现代的海关。

明朝前期，中国古代的航海事业达到了顶峰。明朝政府组织大规模的船队，由郑和率领，七下西洋，访问了南亚、东南亚、阿拉伯和非洲等的30多个国家和地区，最远到达索马里和肯尼亚，航程10万余里。郑和船队规模巨大，每次出航，多则二百余艘，其中宝船四十多艘，一般每次两万多人。船队航行的路线，多是唐宋元时期早已为中国航海家所熟悉，但经过几十年战乱渐渐荒废不为人知的航线。这七次航行，重新唤醒了沿线国家对中国航海业的宏伟印象，恢复和加强了这些国家与中国的经济文化交流。

这一时期，航海技术又有了较大进步。航海人员懂得了“牵星术”，即通过观测北极星的高度来判定地理纬度，在低纬度地带则观测华盖星。远洋船上一般都有阴阳家专门负责观测天象。此外，各种航行仪器也更加完善，航海罗盘由火长专门掌管，计程和测深都有一套严密的方法，记载航行路线的专书也普遍使用于航海活动。著名的郑和航海图，以及其他几幅保存至今的海图，为后人了解那时的航海技术提供了珍贵的史料。

上面所说的“火长”一词在我国历史上出现很早，在唐朝军制中，10人为一火，10人的首领即为火长。但在宋朝之后，火长有了完全不同的含义，随着航海罗盘的发明，海船上专门管理航海罗盘的人称为火长。之所以称为火长是因为罗盘上的指南针常指南方，而五行中南方属火，故管理罗盘的人被称为火长，其也正是引领船舶航向的人，可以说火长就是古代引航员的一种雏形。这一称谓一直沿用到郑和时期，随着航海领域的扩大，船员的分工越来越细，船舶需要熟悉当地航海环境的引航员来引领，如对外国引航员称

“番火长”。历史上有对“火长”一词的误写（如误写为“伙长”）和误解，近些年有唐嘉弘、刘义杰等学者专门对此进行辨正。

明朝中期直到清朝中叶，中国政府对于海外交通和对外贸易，基本采取抑制政策。官方主持的大规模航海活动再也没有出现。不仅如此，政府对民间的航海活动和对外贸易，也主要实施压制、打击政策。虽然其间曾有过暂时放松，但航海业在政府的高压和打击下，再也未能像唐宋元时期那样繁荣昌盛，相反，航海业和对外贸易，不得不走上了一条畸形发展的道路，即分散地、私密地进行。最典型的表现，就是明中期的“倭祸”。在这个事件中，许多民间航海人、商人与日本浪人、海盗结合，公然对抗政府。清朝前期的航海政策与明中期相比，没有质的改变，只是有限制地对外开放，同时禁止民间制造大海船，禁止民间商船出海贸易。这种政策的结果，不仅仅使民间航海业的发展停留在分散、小规模的水平上，而且导致航海业和对外贸易萎缩。同一时期，欧洲的航海活动却在国家的支持下，一路上升，远涉重洋，航迹遍及全世界，从而开始了一个由西方人主导的海洋时代。

二、中国引航员的出现和发展

在航运的早期发展阶段，造船技术、航行经验和技术积累，都处于较低水平。航运活动中并没有专门的引航员，也没有独立的引航业务，航行中船舶驾驶和引航工作往往结合在一起，引航经验的积累，与驾驶经验是同步的。随着航运业的不断发展，跨地区、跨水域的船舶航行逐渐增多。各地区的水文、气候、地形、潮汐、航道、港口等条件不同，这越来越成为跨地区、跨水域航行的障碍。为了克服这些障碍，就需要熟悉特定水域航行条件并富有航行经验的人，来为航行于这一水域的外来船舶提供专门的帮助，例如，如何避让浅滩、暗礁，如何利用潮汐，如何进港，如何抵达指定的目的地等。当这种专门的帮助逐渐在航运活动中出现时，引航就慢慢产生了。

当然，早期的船舶比较简单，船员的分工还不很严格。在这种情况下，引航工作常采取这样一种形式，即船舶航行到一个不熟悉的地方时，雇请当地有经验的船员或渔民，让他负责部分船舶的操纵工作。这样，引航工作就包含于航运活动中，而没有专门的引航员群体。或者说，早期的引航员与船民、渔民在身份上往往重合在一起。

事实上，近现代的引航员，与船员之间也存在相互转换的关系。一般来说，引航员本身就是船员或船长，不从事引航工作时，也可能转换到船员系列中去。因此，在航运业内部分工还不发达的古代，引航员和船员之间的重合性，是很自然的。

引航最早产生于何时，由于资料欠缺，现在很难考证清楚。中国古代的内河航运相对于航海业发展得更早，长时间里一直稳步向前，其间，作为航运活动中一种专门业务的引航，极有可能在唐宋之前就产生了。但具体时间和地点，还有待于进一步研究。

最迟在南宋时，引航就已经成为长江航运中的一项专门业务。因为长江上游航行条件较差，下游的船只欲西行入川，一般都得在沙市更换蜀人之“招头”。南宋诗人陆游曾经担任过夔州通判之职，负责管理三峡航道上这个险要处所及其附近地区。1170 年（南宋乾道六年），他赴任该职，将从绍兴老家启程溯江而上的一路见闻，按时间顺序编辑成册，写成了《入蜀记》一书。书中记载，当他乘坐的船快要接近四川时，船主人就雇请了一个名叫王百一的当地人做“招头”。船进入四川后，又换用程小八做“招头”，因为他更熟悉川江航道情况。

这些“招头”，是一些当地船民，他们熟悉川江航道，没有固定的服务处所，依靠给出入川江的外地船只指引航路为生。他们一般在四川与湖北交界处附近等候，有船只需要服务，就单独与船方确定契约关系，可能还有公认的报酬标准。他们上船之后，随船服务，到达目的地后，或者下船离去，或者继续在该船返程时服务。没有什么政府部门来管理他们的活动。他们靠的是个人经验和技术，谁的水平高，谁就可能得到更多的工作机会。陆游那次乘坐的船先用了王百一，后来又改用程小八，据船东的看法，是因为程小八的水平更高。王百一被竞争下来，竟然想跳江自杀，幸好被船上的人阻止住了。由此可见，他们之间的竞争也很激烈。这些“招头”候船待聘、随船服务的工作方式，分散从业、自由竞争的工作状态，以及自发运行、没有官方管理控制的状况，都与近代长江上的“旅行引水”非常相似。可以说，他们就是长江上的早期引航员。

到了元朝，引航又有新的发展。元朝海运发达，长江下游入海口附近的浏家港成为重要的海运和漕运港口。元朝政府在南方征集的“漕粮”，就是从各地运到这里，再换装海船，由此出发取海道北上至天津。但浏家港至出海口的长江水域宽阔、多浅滩暗沙，不熟悉这一带航行条件的人，驾船进出时经常搁浅，甚至造成翻船事故。为了保证漕粮运输的安全，元朝政府采纳了常熟船员苏显等人的建议，在今江阴一带设置“指浅提领”一职，征用熟悉这一带水道的船员担任该职，为过往船只指引航道，以避开江中暗礁浅滩，安全出入长江口。

这些“指浅提领”与川江上的“招头”相比，有以下相同之处：他们都熟悉一定水域的航行条件，在某水域内为船只提供导航帮助，指引船只避让危险因素，从而帮助维护船舶航行安全。从这一点来看，这些“指浅提领”已经具备了引航员的工作特征。但他们又与川江上的“招头”有着如下不同：首先，他们固定在某个地方，为过往船只服务，而不是随船服务；其次，他们是由政府雇用的专门人员，具有政府承认的资质能力，而且他们的工作职位是政府设置的固定职位。由这两处不同可以看到，他们比川江上的“招头”更接近于近代以来的引航员。唯一的重大差异，就是近代以来的引航员，一般须经过一定的考试，然后才能取得执业资格，而这些“指浅提领”虽然也在国家管理下工作，但还不用考试。可以说，他们是古代引航员群体走向职业化过程中中间环节的代表。

第三节　晚清时期的引航员

乾隆年间，我国已将引航管理权置于国家管理和监督之下。制定的《番船出入稽查章程》是我国目前已知的最早的引航管理规定。这一时期的引航具有很强的主权特征，由中央政府严格控制，集中管理。晚清时期，随着全国性引航管理体制的建立，以及海关对助航设施建设的逐步开展，引航员队伍自身也发生了很大的变化。这种变化表现在两个方面：一是引航员逐渐趋于规范化和组织化，有关管理部门开始为引航员颁发引航执照；二是引航员构成趋于殖民化，一直到 19 世纪末，引航员队伍中的中国人越来越少，外籍引航员越来越多，导致了喧宾夺主的结局。

一、晚清时期引航员的规范化

鸦片战争之前，有执照的引航员只存在于广州港，无证引航员大量存在，表明引航业基本上还处于自发状态。因为当时并没有专门的机构对这一行业进行管理，无论是广州的澳门海防同知，还是后来的外国领事，对于引航员的控制都比较松散。

持有执照的引航员逐渐增多，1850 年以后，随着越来越多西方列强大型商船来我国贸易，西方列强为了掠夺中国的引航权，以中国引航员没有引领大型船舶的能力为借口，逐步夺取我国引航权。引航员最初仍是各国领事单独发证，1859 年上海港实行英、美、法三国领事共管外籍引航员的体制后，外籍引航员大都持有统一的执照。但中国引航员大多无从获得执照。直到 1868 年《中国引水总章》颁行后，中、外引航员都接受海关的统一管理，领取海关颁发的统一执照，并须每年定期注册。到这个时候，中国沿海各港和长江部分港口才有了正式的持证引航员群体。根据海关在 1868 年秋的一项调查，自 1867 年 7 月 1 日至 1868 年 6 月 30 日，各通商口岸的持证引航员共有 197 人，其中中国人 103 人、外国人 94 人。

1843—1900 年中国引航员使用的引航船（1）

1843—1900 年中国引航员使用的引航船（2）

在持证引航员群体逐渐稳定下来的同时，无证引航员仍然在从事引航工作，不过正在逐步向持证引航员转化。在一些港口，外国领事不尊重海关的规定，纵容和支持本国的无证引航员，到了19世纪末，这种无证引航员在沿海各港才逐步减少。另外在长江航线上，随着航运业的日渐发展，出现了一批专职的引航员，其中有欧美人，也有日本人，但中国人数最多。这些人多为无证引航员，但引航客观需要的存在，也让其形成了一个比较稳定的引航员群体。进入20世纪以后，这一群体也逐步转变为持证引航员。

二、晚清时期引航员的殖民化

引航员构成的殖民化，根源于不平等条约对中国引航权的侵夺。五口通商之后，随着外籍引航员逐渐加入中国引航业，殖民化趋向越来越明显。一开始进入中国引航业的，多为英国人和美国人。随着与中国缔结不平等条约的国家增多，外籍引航员中逐渐出现了法国人、德国人、瑞典人、丹麦人、荷兰人、挪威人、意大利人和日本人。中国的引航业变成了各国引航员公共的生存和竞争场所，也成为侵略中国的工具。

1844—1903年使用的“约翰·学徒”引航船

引航员的国籍构成，与各国商业和航运势力在中国渗透的强弱程度有密切关系。英籍引航员最先进入中国引航业，并且在晚清 70 年间，其人数在外籍引航员中一直最多；美国引航员中也占有较大的比例；法国的商业和航运力量在侵华各国中显得较为弱小，因而在中国执业的法籍引航员较少；德国虽然到 1861 年才与中国签订不平等条约，但其商业和航运势力的扩张却后来居上，迅速超过其他国家，紧随英、美两国之后。日本在甲午战争之后开始进入中国引航业，直至 20 世纪 30 年代，其一步步蚕食鲸吞中国引航业。晚清引航员群体构成的殖民化，最终导致引航业为外国人垄断控制。

这一时期的引航员有三种工作方式，即巡航候船、包月雇用和航运公司的特殊引航员。

巡航候船是最早、也是最主要的工作和受雇方式，自五口通商开始一直沿用到 20 世纪中期。引航员最初驾着引航船在港外巡航，等候船方申请雇用，每引领一次，按约定收取费用。一开始用作引航船的，是宁波帆船，甚至是小渔船；后来一些外籍引航员开始在日本订造纵式帆船作为引航船。19 世纪末，引航船除了纵式帆船外，新式蒸汽船开始投入使用，接送引航员也由以前的小舢板改用汽艇。

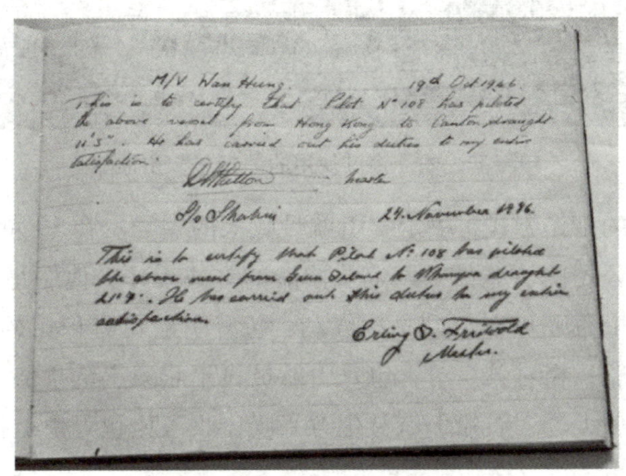

M/V Wan Hung.　19th Oct 1946.
This is to certify that Pilot No 108 has piloted the above vessel from Hong Kong to Canton draught 11'5". He has carried out his duties to my entire satisfaction.
Master

This is to certify that Pilot No 108 has piloted the above vessel from [illegible] to Whampoa draught [illegible]. He has carried out his duties to my entire satisfaction.
Erling D. [illegible]
Master.

船长对引航员引航评定手稿

包月雇用始于 19 世纪 60 年代末，航运公司以长期雇用、按月付薪的方式，接受引航员来为自己的船只服务。被接受的引航员随船航行，不仅要引船，还要干其他工作。虽然这种工作方式未免苛刻，但毕竟能为受雇者提供一份稳定的工作和收入。19 世纪后期，这种包月引航员越来越多，不仅上海港有，长江航线上更多。这体现了这一时期引航员对航运公司的依附，实际上，这也反映了航运公司对引航员的依附。

航运公司的特殊引航员则是航运公司自己的船长或大副，对于某港的航道比较熟悉，能够自行引领船只出入，经海关考核合格，发给特殊的引航证书。航运公司鼓励自己的高级船员取得兼任引航工作的资格，当然是为了节省引航费用。这些特殊引航员，就其身份来说，不是引航员，而只是具有自行引航资格和能力的高级船员。

1906 年左右上海港使用的“扬子”引航船

不同类型的工作方式，决定了引航员收入的差异。在 19 世纪 60 年代初期，上海引水公司的引航员都以巡航候船的方式工作，他们每人月收入 100 两银子，每三个月还可以分到一次红利。包月引航员有稳定的工作和薪金，当进出港口的船只相对较少时，包月引航员显出收入上的优势。但当港口繁荣时，引航业务大增，候船引航员生意兴隆，收入比包月引航员更多，有时甚至多出一倍。

第四节　民国时期的引航员

一、民国时期引航员的管制

外籍引航员在晚清至民国初期逐渐将中国引航员挤出这一行业。在近代引航业最为发达的上海港，这一情况表现得最为明显：1868 年，上海港的 55 名引航员中，中国人还有 15 名，到 1889 年就只有 4 名，1896 年则只剩下 2 名，至 1900 年只剩下张玉一人，张玉被迫于 1903 年退休后，1903 年到 1928 年之间的 25 年里，上海港竟然无中国引航员执业。外籍引航员垄断中国引航业的后果之一，就是从中法战争开始的历次对外战争中，外籍引航员纷纷服务于入侵中国领水的敌国船只，而中国政府却对之无可奈何。

1912 年 1 月 1 日到全民族抗战爆发这一时间里，日本人一直在做全面侵华战争的准备，其在水道测量、进入海港和长江等做了大量工作。1937 年全民族抗战爆发后，随着中国军队的节节败退，东部各大城市及主要交通线相继失守，国民政府先将首都迁往武汉，继而迁往重庆。与此同时，东部的各政府机关、社会团体、工矿企业、文化教育艺术团体等，都先后迁到内地后方，形成了一个规模巨大的内迁运动。

1923 年起上海港使用的“利江”引航船

引航员的引航技能对长江上的交通运输极为重要。为了加强对引航员的控制，防止他们为日本占领军服务，1937 年 11 月，国民政府颁布了《非常时期湘沙宜渝区引水舵工老大管理暂行办法》，并于 1937 年 12 月成立了非常时期湘沙宜渝区引水舵工老大管理委员会，隶属于军事委员会长江上游江防总司令部，负责对长江中上游引航员的战时集中内迁和军事管制。大约与此同时，也组设了战时粤桂内河引水舵工老大管理委员会。按照上述管理暂行办法，长江中游引航员，包括舵工、老大在内，都应向湘沙宜渝区引水舵工老大管理委员会登记，呈报各人的姓名、籍贯、年龄、经历、住址、家庭状况、服务处所、薪金数目等详细资料。引航员、舵工和老大实行三人联保制度，互相保证不会有通敌行为，不遵守登记和联保制度者，以军法处分。长期引航员还应由其雇主负保证之责，为军事当局服务者则由该委员会集中管理。所有的引航员、舵工和老大，接到军事指挥机关的内撤命令后，都应遵令撤往后方指定地点，违者以军法论处。但为外国军舰商船服务者，由该舰长或航运商书面担保该引航员（舵工或老大）不会有通敌行为后，可暂不撤走，留下继续服务。撤到后方的引航员、舵工和老大，须接受当地军政机关的管理。

1927—1980 年上海港使用的“新扬子”引航船，
后来该船被命名为“港申”“前卫”

1938 年夏，武汉形势紧张，汉宜湘区引水管理委员会随即撤至重庆。西迁过程中，长江中游引航员也被集中起来，转移到了重庆和万县两个地方，加上太平洋战争爆发之后撤至重庆的部分长江下游引航员，国民政府所能控制的引航员都集中到了四川，接受战时军事管制。到 1942 年 3 月，由于集中管制政策实行起来困难很多，军事委员会批准：鉴于宜渝段失业引航员多数都未按规定集中到万县来，干脆准许他们在原籍接受当地政府管制。引航员必须填写保证书，当地县政府“应随时严密考察各留籍失业引水人之行动，如有可疑，应即行监视或拘押，并报由沙宜渝区引水舵工老大管理委员会核办。如至必要时，仍须遵令随同县府撤退集中万县”。已经集中于万县的失业引航员，也可回原籍管理。1942 年 6 月，经军事委员会批准，集中于渝、万两地的长江中游引航员，也可迁往国民政府统治区域内其他地方，或者改行从事其他职业。

二、民国时期引航员的救济

日本侵华给引航业带来的直接后果之一，就是引航员就业困难。据上海引水管理委员会 1941 年上半年的报告，由于没有工作机会，该委员会管理下的 52 名旅行引航员几乎全部不得不领取政府的失业贷款。该委员会管理下的长期引航员，由于工作方式相对稳定，170 余人中有约 70 人仍然受雇于航运公司，维持着合法的正常工作，另有约 10% 的人受雇于日伪当局，失业约 80 人。长江中游引航员失业者最多。奉军委会命令，他们中大部分人都迁到了重庆或万县，那里基本没有工作的机会。为了解决生活问题，他们一度向国民政府请愿。

财政部关务署与交通部航政司经过协商，决定给长江中下游失业引航员每月 30 ~ 60 元/人的无息贷款。1941 年 11 月军事委员会批准，失业引航员每月可以领取 100 元救济金。1942 年 2 月，财政部又批准失业引航员应同其他行政、事业单位工作人员一样，补发平价米代金。到 1942 年 6 月 30 日为止，汉宜湘区引水管理委员会登记的 459 名长江中游引航员（包括无执照者）当中，领取贷款和其他补助的，平均每月约为 243 人，总共领取了 558 584. 79 元。1943 年，领取救济的中游引航员人数基本未变。长江下游的失业引航员，1941 年上半年有 139 人领到了救济，但太平洋战争爆发后，上海引水管理委员会不复存在，长江下游未及内迁的引航员，遂得不到任何救济，只有迁到重庆的少数人才有机会获得政府的救济。1943 年，领取救济的长江下游引航员只有约 37 人。这些救济措施，不仅使失业引航员的基本生活得到了保障，还使国民政府得以把这些人控制起来。因为，领取救济者必须每周定期向主管机关报到一次，因而无法去日伪占领区为敌服务。

天津港早期使用的引航艇

国民政府的救济措施并不针对长江上游引航员，相对来说，他们的就业状况是最好的，但失业情况也一直存在，只不过没有长江中下游及沿海各港那么严重而已。据长江上游引水管理委员会统计，截至1945年5月25日，长江上游引航员共有373人，其中仍在工作的只有279人，在业者主要是航运公司的长期引航员，仅服务于民生公司者就有164人，服务于招商局的有31人。另外，由于物价高涨，在业的引航员均感到收入不足，因而屡次要求船方增加工资。同时，国民政府的引航员救济措施，主要适用于长江中下游迁到四川的失业引航员，上游引航员则无法享受。

三、民国晚期引航员的恢复

1944年5月，国民政府考试院通过了战后引航员考试办法。根据该办法，引航员考试分为“试验”与“检复”两种，试验即一般考试，检复即检核证件、体检和口试。所有考试由考试院委托引航主管机关分区办理，川江及其他险要江段的考试内容应考虑当地情况而另行确定。外国人不得参加考试。到

1945 年 5 月 25 日，长江上游率先检复引航员 373 人。港口方面的引航员队伍在战后初期仍处于零散状态，1945 年下半年，厦门关、潮海关均报告称无合格引航员；闽海关报告福州港有 4 名引航员；台北关报告说基隆港只有 1 名引航员。

1946 年冀鲁区引水公会成立大会嘉宾及会员合影

为了尽快恢复引航员队伍，行政院颁布《引水人员登记办法》作为过渡时期的办法，全国引水管理委员会转由交通部接管以后，在各区开展了引航员检复工作，至 1949 年下半年，全国引航员数量共约 878 人。从引航员检复的结果来看，引航员队伍中存在两个问题：一是总人数不足；二是内河引航员多，海港引航员少。

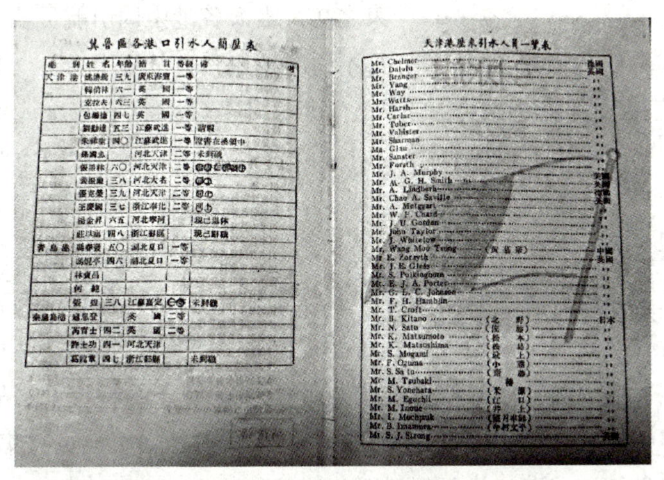

冀鲁區各港口引水人簡歷表

港別	姓名	年齡	籍貫	等級	備考
天津港	[illegible]	三九	廣東番禺	一等	
	[illegible]	六一	英國	一等	
	[illegible]	六三	英國	一等	
	[illegible]	四七	英國	一等	
	[illegible]	五三	江蘇武進	一等	請假
	[illegible]	四〇	江蘇武進	一等	[illegible]
	[illegible]		河北天津	二等	未到職
	[illegible]	六〇	河北天津	二等	[illegible]
	[illegible]	三八	河北大名	二等	[illegible]
	[illegible]	三九	河北天津	二等	[illegible]
	[illegible]	三七	浙江奉化	二等	[illegible]
	[illegible]	六五	河北寧河		現已退休
	[illegible]	四八	浙江鄞縣		現已辭職
青島港	[illegible]	五〇	湖北夏口	一等	
	[illegible]	四六	湖北夏口	一等	
	[illegible]				
	[illegible]				
	[illegible]	三八	江蘇嘉定	[illegible]	未到職
秦皇島港	[illegible]		英國	二等	
	[illegible]	四二	英國	二等	
	[illegible]	四一	河北天津		
	[illegible]	四七	浙江鄞縣		未到職

天津港歷來引水人員一覽表

Mr. Chelmer
Mr. Dalolu
Mr. Branger
Mr. Yang
Mr. Way
Mr. Watts
Mr. Harsh
Mr. Carlar
Mr. Tober
Mr. Vabister
Mr. Sharman
Ma. Glau
Mr. Sanster
Mr. Forsth
Mr. J. A. Murphy
Mr. M. G. H. Smith
Mr. A. Lingberh
Mr. Chao A. Saville
Mr. A. Melgaart
Mr. W. F. Chard
Mr. J. U. Gordon
Mr. John Taylor
Mr. J. Whitelow
Mr. Wang Moo Tsung
Mr. E. Zorsyth
Mr. J. E. Gless
Mr. S. Polkinghorn
Mr. E. J. A. Porter
Mr. G. L. C. Johnsen
Mr. F. H. Hamblin
Mr. T. Croft
Mr. B. Kitano（北　野）
Mr. N. Sato（佐　藤）
Mr. K. Matsumoto（松　本）
Mr. K. Matsushima
Mr. S. Mogami（最　上）
Mr. F. Ozuma
Mr. S. Sa to
Mr. M. Tsubaki（　椿　）
Mr. S. Yonehata
Mr. M. Eguchi（江　口）
Mr. M. Inoue（井　上）
Mr. I. Mochpuk
Mr. B. Imamura
Mr. S. J. Strong

冀鲁区各港口引水人简历表

鉴于海港引航员“颇感缺乏”的局面，全国引水管理委员会于1947年7月呈请交通部，准备举办沿海引航员讲习班。但此事最终未能履行。一方面可能是主管机关不尽职；另一方面可能是当时愿意学习并从事引航的人太少。成长为一名合格的引航员需要付出的努力和时间，要比成为船员更大和更多，而在当时国内政局动荡的形势下，引航员这一职业并不见得比船员更有优越性和吸引力，甚至还不如后者。

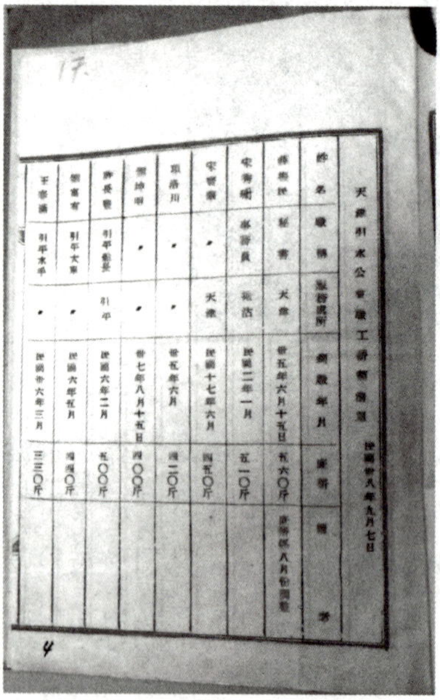

1949年天津引水公会职工薪额清单

外籍引航员方面，按照1943年1月签订的中美、中英新约，外籍引航员在中国从事引航业的权利已被取消，但有两个因素使他们在抗日战争结束后仍为中国留用。一是外籍引航员不甘退出中国引航业，在战争刚刚结束、国民政府还未来得及完全接管引航事务之际，他们就重新返回了中国引航业。战争刚一结束，美国海军对上海港实行军事管制一年，将原先的外籍引航员从日本人的关押下解放出来，并让他们为美国海军服务。于是，这些外籍引航员又在上海港重操旧业。1946年美军军管结束，才将这些外籍引航员逐步移交给交通部。二是，战争结束之初，沿海各港中国引航员普遍缺乏，不得不暂时留用一些外籍引航员。如连云港于1945年年底接收回来，由于港口军运繁忙，不得不将两名日本人留用下来担任引航员。当时国民政府不同意长期留用日本人，于是，该港主管机关将一名日本引航员宫地吉三改名为吕云梯，骗取交通部同意他为该港引航员。这种违规做法反映了当时引航员缺乏的状况。为了解决外籍引航员问题，行政院第733次院会通过了《雇用外籍引水人管理办法》，其规定战前曾在各港执业的外籍持证引航员，经检复后，可暂时在各该港继续执业，其目的是帮助恢复和发展民族引航业。外籍引航员自此不再享有条约特权。据战后的检复结果，在20世纪40年代后期，继续在中国执业的外籍引航员只集中在上海、天津、秦皇岛和连云港，共30人左右。

第五节　新中国初期的引航员

一、引航权的收回

新中国成立至改革开放的 30 年间，引航业经历了一个先动荡起伏、后飞跃发展的历程。引航员队伍逐步建设起来，引航技术和设施也有了新的发展和改善。引航业在维护国家主权和服务港航经济中发挥着越来越重要的作用。

1950 年 3 月，中央人民政府政务院颁发了《关于 1950 年航务工作的决定》，规定交通部下设航务总局，全国各大港口分别设区航务局。同年 7 月，政务院财政经济委员会发布《关于统一航务港务管理的指示》，实行“港航统一”，交通部航务总局及各地航务局为全国统一的航务管理机构。自此，引航事务完全纳入国家管理，引航成为港口（或航政）管理部门的一项直接业务，服从港务局的统一安排和调度。引航员全都转为正式的国家公职人员。

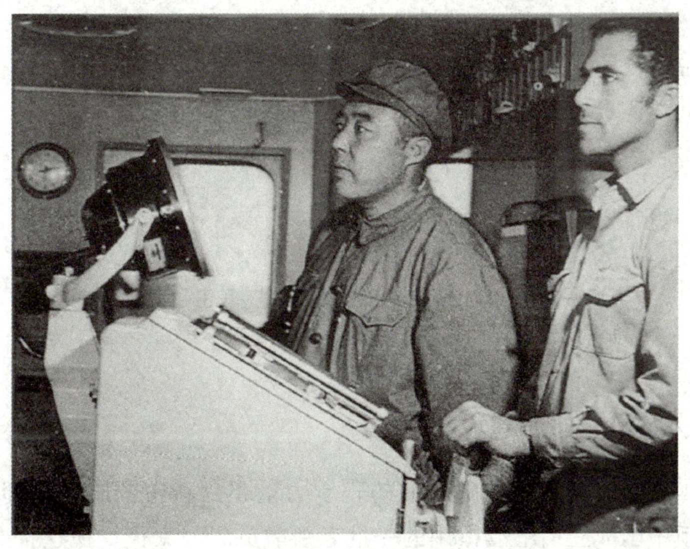

新中国第一代引航员

新中国成立后天津港第一代引航员
研究如何加快船舶周转率

经过近 3 年的谈判和工作，到 1952 年，上海 4 名外籍引航员、大连 3 名苏联引航员、连云港 1 名日本引航员相继被解职回国。自鸦片战争之后 100 多年，中国终于完全收回引航权，这为新中国引航业独立发展奠定了基础。

1953—1970 年上海港使用的“七一”号引航船，该船
是海军电缆敷设船，后被命名为“六○二”号、“港象”号

二、引航员队伍的建设

新中国成立初期，各港引航业的骨干力量还是新中国成立前即已从事引航工作、新中国成立后继续留用的一批老引航员。国家很重视这批老引航员，上海港当时有 15 名老引航员，工资最低的为 540 元，高的加上在职养老金约

1000 元。这种高薪政策，一是出于对他们的尊重，二是对引航技术的重视。这批老引航员业务上认真负责，在条件艰苦的情况下，积极投身引航的恢复与重建，运用自身的经验和传统技术完成繁重的引航任务，打破了西方国家对中国引航员能力的怀疑和歧视，树立了中国引航员的国际形象。

至 20 世纪 50 年代前期，引航员队伍年龄结构偏大，尽管老一辈引航员一直注重传帮带工作，尽力将自己的知识和技能传授给新一代引航员，但在新中国百废待兴、港口航运迅猛发展及整个经济建设大规模开展的背景下，海港引航员的数量还是不能满足日益增长的需要，引航员队伍的培养建设任务更显紧迫。1953 年颁布的《海港引水暂行通则》，参考当时国际惯例，以及新中国成立前选拔引航员的习惯做法，从资深船长或大副中选拔人员学习、考试，合格后发给其证书，成为正式的引航员。可在新中国成立初期，高级船员也属稀缺人才，《海港引水暂行通则》的执行存在阻力。

《人民画报》1954 年第 4 期的封面：天津市劳动模范塘沽新港引航员施学良

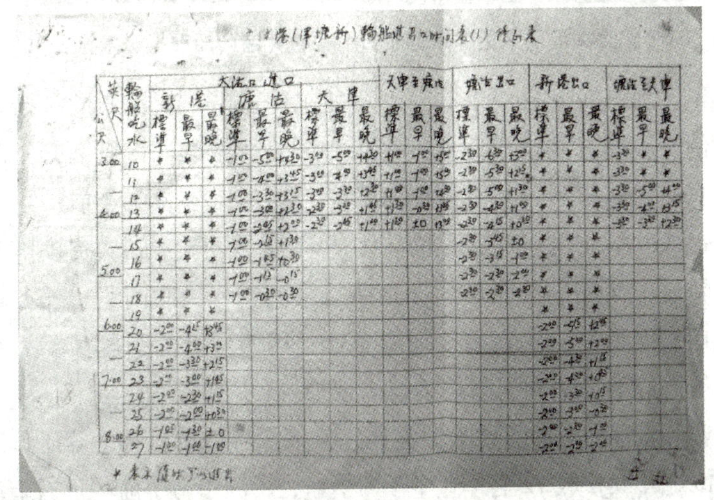

[illegible]港(津塘新)輪船進出口時間表(1) [illegible]

公尺	英尺 輪船吃水	大沽口進口 新港 標準	最早	最晚	塘沽 標準	最早	最晚	大沽 標準	最早	最晚	天津至塘沽 標準	最早	最晚	塘沽出口 標準	最早	最晚	新港出口 標準	最早	最晚	塘沽至天津 標準	最早	最晚
3.00	10	*	*	*	-1^{00}	-5^{00}	$+3^{30}$	-3^{00}	-5^{00}	$+4^{30}$	$+1^{00}$	-1^{00}	$+5^{00}$	-2^{30}	-6^{30}	$+3^{00}$	*	*	*	-3^{30}	*	*
	11	*	*	*	-1^{00}	-4^{00}	$+3^{45}$	-3^{00}	-4^{00}	$+3^{45}$	$+1^{00}$	-1^{00}	$+5^{00}$	-2^{30}	-5^{30}	$+2^{15}$	*	*	*	-3^{30}	*	*
	12	*	*	*	-1^{00}	-3^{30}	$+3^{15}$	-3^{00}	-3^{30}	$+2^{30}$	$+1^{00}$	-1^{00}	$+4^{30}$	-2^{30}	-5^{00}	$+1^{30}$	*	*	*	-3^{30}	-5^{00}	$+4^{00}$
4.00	13	*	*	*	-1^{00}	-3^{00}	$+2^{30}$	-2^{30}	-3^{00}	$+1^{45}$	$+1^{30}$	-0^{30}	$+3^{45}$	-2^{30}	-4^{30}	$+1^{00}$	*	*	*	-3^{30}	-4^{00}	$+3^{15}$
	14	*	*	*	-1^{00}	-2^{45}	$+2^{00}$	-2^{30}	-2^{45}	$+1^{00}$	$+1^{30}$	±0	$+3^{00}$	-2^{30}	-4^{15}	$+0^{30}$	*	*	*	-3^{30}	-3^{30}	$+2^{30}$
	15	*	*	*	-1^{00}	-3^{00}	$+1^{30}$							-2^{30}	-3^{45}	±0	*	*	*			
	16	*	*	*	-1^{00}	-1^{45}	$+0^{30}$							-2^{30}	-3^{15}	-1^{00}	*	*	*			
5.00	17	*	*	*	-1^{00}	-1^{15}	-0^{15}							-2^{30}	-2^{30}	-2^{00}	*	*	*			
	18	*	*	*	-1^{00}	-0^{30}	-0^{30}							-2^{30}	-2^{30}	-2^{30}	*	*	*			
	19	*	*	*													*	*	*			
6.00	20	-2^{00}	-4^{15}	$+3^{45}$													-2^{00}	-5^{15}	$+2^{45}$			
	21	-2^{00}	-4^{00}	$+3^{00}$													-2^{00}	-5^{00}	$+2^{00}$			
	22	-2^{00}	-3^{30}	$+2^{15}$													-2^{00}	-4^{30}	$+1^{15}$			
7.00	23	-2^{00}	-3^{00}	$+1^{45}$													-2^{00}	-4^{00}	$+0^{45}$			
	24	-2^{00}	-2^{30}	$+1^{15}$													-2^{00}	-3^{30}	$+0^{15}$			
	25	-2^{00}	-2^{00}	$+0^{30}$													-2^{00}	-3^{00}	-0^{30}			
8.00	26	-1^{45}	-1^{30}	±0													-2^{00}	-2^{30}	-1^{00}			
	27	-1^{00}	-1^{00}	-1^{00}													-2^{00}	-2^{30}	-2^{00}			

* [illegible]

1954 年天津港引航员自己制作的潮汐表

鉴于这种情况，1954 年，交通部海运管理总局决定从两个方面来缓解引航员人手不足的问题，一方面批准本国轮船船长发挥其技术，鼓励其自行引领；另一方面从大连海运学院（现大连海事大学）毕业生中直接选拔，派往海港学习引航。在 1954 年选派了几名大学毕业生前往天津港和大连港之后，1955 年海运管理总局又从大连海运学院毕业生中选拔了 41 人，分别派往沿海各港学习引航。海运管理总局在配发的《对于训练培养学习引水员的意见》中要求各港（大、中、小港）在 1957 年以前完成学习引航员的训练培养工作，“将其作为维护国防、保障航行安全的政治任务来看待”。

1957 年上海港引航员陈秉直船长编写的《港内船舶操纵术》一书

在两年多的时间里完成培养引航员的工作，是一项大胆的举措。因为按照以往惯例，从航海院校毕业后，先从初级船员做起，逐级上升，做到船长或大副且有一定年限后，才有可能再去学习引航；学习半年或一年后，才有可能成为正式的引航员。现要在两年多的时间内，既完成从院校毕业生到合格船员的转变，又完成从船员到合格引航员的转变，时间紧、任务重、难度大。但航运发展亟需引航人员，且能否独立培养自己的引航员，关系到新中国在国际航海界的形象和引航自主权的维护。

为落实海运管理总局的要求，各港开始了学习引航员的培养工作。以上海港为例，1955 年共接收 12 名毕业生学习引航，一同学习引航的还有上海港选调的 5 名普通船员和干部。他们前 3 个月在引航船上熟悉情况并练习，之后上船实习，学习大、二、三副操纵技术，并利用空隙跟随拖船实习拖带技术。紧接着是随船实习，熟悉航道，学习重点转移到引航经验上来，老引航员精心指导和自我实践相结合，从实践中总结经验。经过一年多的学习，他们中的绝大部分人基本掌握了引领技术，开始在老引航员的监督下试行引领，循序渐进，从小型船舶到大型船舶，从引领船舶航行到靠离泊操纵，为其在未来的职业生涯中逐步成长为全能的引航员打下了基础。这种引航员培养方式，开创了新中国引航员队伍建设的新思路，扭转了引航员短缺的局面，实现了新老交替，为今后培训更多的引航人才提供了经验。

引航员张瑞生在精心引航中

三、引航员队伍的发展和特殊时期的动荡

上一节所述的引航员培养体系一直沿用，上海港、广州港、大连港等港口都培养出了一批合格的全能引航员，培养周期也稳定在5年左右。到20世纪60年代初，新中国成立后首批培养的引航员已经基本成长为技术熟练、经验丰富且具有相当理论水平的成熟引航员，成为继新中国成立初继续从事引航工作的老引航员之后的“第二梯队”。20世纪50年代末至60年代初随着老引航员的相继退休，这批新成长起来的引航员就成为引航界的中坚力量，承担着各港引航业务的组织、领导和具体开展的重负，还参与指导、培养学习引航员的工作。

到1965年左右，新中国成立初继续从事引航工作的老引航员基本退出了引航业，剩下的全都是新中国成立后新培养的引航员。他们的年龄结构、知识结构都发生了很大变化，呈现出年轻化、知识化的新特色。

新中国成立后培养起来的引航员当中，还有一名女引航员，即汕头港的李正容。她也是中国引航史上第一位女引航员。李正容1953年毕业于汕头高级商船技术学校，1964年调任榕江航道引航员。此后30余年，她一直在汕头港从事

1966—1969 年上海港使用的“前哨”号引航船，原为货船“皖商 2”号，后曾被命名为“港虹”号

1965 年大连港老引航员退休留念

内港引航工作，先后被评为二级引航员、航海高级工程师。因工作成绩突出，她曾当选为汕头市第七、第八届政协常委。本书第五章讲述了她更多的故事。

在 20 世纪六七十年代的特殊时期，引航员队伍也经历了较大的动荡，许多引航员被迫离岗，在业的引航员担负起了港口引航日常工作的重任。为补

引航员倪衍根 1975 年创作的钢笔画

充引航员队伍的不足，有若干独立引航不久的青年引航员被破格提升为甲级引航员，推上了引航工作第一线。他们当时的平均年龄还不到 25 岁，但仍然挑起重担，很快成为引航业的一支生力军。

1971—1972 年上海港使用的“沪监引 1”号引航船，原船名为“长缨”

随着港口生产逐渐恢复，各港相继从复员转业军人、拖船水手（船员）及其他渠道吸收了一批新手充实引航员队伍，来解决引航员严重缺乏的问题。新加入引航员队伍的学员，依靠师傅的指导和自己的艰苦学习，大多数人都成长为合格的引航员，他们形成了引航员群体中的又一梯队。与 20 世纪 50

年代后期和60年代初成长起来的“第二梯队”中的剩余人员一起承担着引航工作，稳定了引航员队伍，为动荡年代港口航运的正常运行贡献了力量。

引航员曹光汉向复员军人传授引航技术

第六节　改革开放以来的引航员

改革开放之后，随着引航业逐步走向正规化，特别是港口运输业和引航业的大力发展，引航员队伍也不断得到充实、壮大，引航员的文化素质、职业能力也有了提高，从而使引航员队伍以崭新的面貌呈现于世界。

一、改革开放以来的引航员的选拔

1973年大规模建港后，特别是改革开放以来，随着交通运输、外贸、旅游及港口生产各项事业的不断发展，引航任务日益繁重，虽然各港先后从优秀船员及军队复转干部中选拔了一些人充实引航员队伍，但这一做法并未形成稳定的制度，未能有效地缓解引航员人手不足的问题，到了20世纪80年代初期，引航员缺乏的问题更加严重，一些新兴港口更因缺少引航员而到处网罗引航人才。

为加强引航员队伍的建设并使之走向规范化，交通部在1980年4月颁发的

1975—1978 年上海港使用的“沪监引 2”号引航船，原为客货船“工农兵 5”号

《海港引航工作条例（试行）》中特别规定了引航员的选拔培养方式：即引航员必须从航海大中专院校驾驶系专业毕业生，或具有同等学力并担任过 3 年以上舰船正式驾驶工作的人员中择优选拔。引航员必须通过培训、考试、定级，发给相应等级的证书，持证上岗。随后，交通部先后颁发了《对现有引航员技术培训、考核、定级和发证办法》及《海港引航员考试大纲（试行）》。到 1983 年，各港基本依照交通部的有关办法开展相关工作，引航员全部持交通部统一制作的证书上岗。一批从事引航工作多年，具有丰富引航经验和优良引航技术的资深引航员，都被评为当时最高的二级引航员。

引航员郭长信的先进个人奖状

1982 年以后，每年都有院校毕业生充实港口引航员队伍。培养引航员的院校也增多了，除了大连海运学院、上海海运学院、集美航海专科学校、武汉河运专科学校外，还有一些航海院校也成为培养引航员后备力量的摇篮。武汉河运专科学校还在 1982 年设引航专业，专门为各港直接培养引航员。院校毕业生与优秀船员一起，成为引航员队伍的两大后备来源。这样，引航员选拔、培养工作终于形成了一套稳定而有效的制度。

关于中国从航海院校毕业生中直接选拔学习引航员的制度，国际航运及引航界都曾经有过不同的意见。在许多国家，引航员都是从富有航行经验的优秀船长当中选拔的。例如在日本，申请参加引航员考试者，必须作为船长在总吨位3000吨以上的远洋船舶上工作3年以上，并且作为学习引航员实习了一定期限，才可获准参试。合格者成为初级引航员之后，还需经过3年左右，才可以逐步成为全能引航员。这种资历要求和培养制度比较严格，因而其引航员一般年龄较大，船上业务及航行经验都比较丰富、熟练，执行任务时也较有权威。相比之下，从院校毕业生中直接选拔、培养起来的引航员，则无论在年龄、资历，还是在实际航行经验上，都与从船长选拔上来的引航员有一段距离。所以，当中国的年轻引航员不断成长起来，肩挑起港口引航工作的重担时，曾经有部分外国船长对把船交给他们感到不放心。

但这种从航海院校毕业生中直接选拔引航员的制度也有其优势。引航工作，特别是海港引航，实践性很强，引航技术的提高是依靠引航员自己学习，逐步积累而来的。航海院校的毕业生具有较好的基础理论知识，而且年纪轻，学习和接受能力强。只要培养制度能提供严格、完善的保障，他们一样可以成长为优秀的引航员。事实上，别的国家也不完全是从船长中选拔引航员，欧美许多国家对引航员的资历要求只限于驾驶员的资历，美国纽约州的引航员则是从引航艇的船员做起，采用师徒制度，经过长时间的学习才能承担引航工作，就如同19世纪后半期中国的引航员那样。也就是说，引航员的培养本来就不存在国际通行的唯一制度，而是取决于各国的国情和现实情况。

对于中国而言，从航海院校毕业生中直接选拔学习引航员的制度，是适合于中国国情的，而且从实施效果来看，也是成功的。这种制度始于20世纪50年代中期，盛于80年代。这两个时期都是中国经济和航运发展的重要时期，也正好是航海、引航人才紧缺的时期。在这种情况下，从船长中大规模选拔引航员事实上不可能，从船员和其他干部中选调人员学习引航，也不能完全满足引航业发展的需要。而在这两个时期，航海教育正好已经起步，开始培养出航海业的新生力量。于是，从他们中选拔一批人充实引航员队伍，就非常自然了。从实施情况来看，对于院校毕业生学习引航，上至交通部主管部门，下至各港引航机构，以及在职的引航员，都非常关心，给予了大力支持和配合，制订了有关措施，配备了有关人员，认真细心地进行了培养。于是，一批批年轻引航员由此成长起来，并逐步成为引航员队伍中的中坚力量。经过几十年的实践，这种培养制度已经稳定、成熟，形成了独具中国特色的引航员成长之路。在港口航行条件日趋复杂，船舶日趋大型化，引航工作难度越来越大，技术要求越来越高的环境中，与国外同行相比，中国的引航员虽然年纪轻，海上资历浅，但引航技术水平并不比外国引航员逊色。随着中国引航业逐渐走向世界，这种引航员培养制度的成效也为许多国外同行所认同。

二、改革开放以来的引航员的晋升

继20世纪80年代初首次评定引航员职级后，为了使引航员评级定职工作走向正规，交通部决定在1987年上半年通过免试和考核产生一批一级引航员。当时交通部系统正进行工资改革，20世纪80年代初评定的引航员级别，最高只有二级，是中级职称，那些参加工作稍晚的，就只能评上三级，比岸上工作评定职称慢。这不利于引航员的成长和积极性的调动。于是，交通部决定，凡是担任二级引航员10年以上的（实际上是担当二级责任范围内的工作10年以上的），以及担任二级10年以上、但最近二三年内离开引航员队伍的老引航员，都免试发给一级引航员证书。担任二级引航员4年以上的，可报考一级。1987年5月和7月，交通部在青岛举办了两批一级引航员培训考试班，一批引航员队伍中的贡献卓著、技术经验突出者，都取得了一级引航员证书。此后，晋升一级引航员的培训和考试即正常举行，凡符合《海港引航工作条例（试行）》有关规定的引航员都可报名参加。

1983—2004年上海港使用的“沪港引2”号引航船，原为渤海湾破冰船，曾用船名为“滨海702”号、“沪监引2”号

1988年，交通部又进行引航员职称改革，决定增设高级引航员职称。高级引航员不经过考试，而是由各港初步评定，报交通部船舶系列高级技术职务评审会评审，通过后再由交通部职称改革领导小组批准产生。1989年年初，经过各港初评和交通部复审批准，一批成绩卓著的资深的一级引航员被确认为高级引航员。

从此以后，高级引航员的评审工作步入了常轨，凡符合有关要求的，即可参加申报评审高级引航员。技术职称评定和晋级制度的恢复和健全，使引航员队伍建设步入了正规化、稳定化的轨道。经过改革开放近20年来不断的努力，到20世纪90年代末，中国引航员的培养、成长和退休制度逐渐成形，保证了引航员队伍的稳定发展。

三、改革开放以来的引航员培训

随着引航员考选、晋级制度的稳定，引航员技术培训工作也逐步开展起来。引航员技术培训工作可以分为两类：一类是交通部为引航员晋级考试而举办的各种培训；另一类是引航专业委员会举办的航海新技术培训，以及各港引航机构自行组织开展的引航员学习和培训。

交通部举办的引航员晋级考试培训活动，主要是为了贯彻《海港引航工作条例（试行）》中的有关规定，为巩固和提高引航员的航海、引航基本理论水平而组织的。各港引航机构对此都相当重视，把它当作引航员队伍建设中的大事，从各方面积极支持。一级引航员培训考试，参加的都是引航站的业务骨干，让他们集中离开引航工作去参加为期几个月的专门学习，对于港口引航业务自然会有一些影响，但各港对此都很支持，并从各方面加以协调、配合。海港一级引航员考试培训的具体情况，可以从1997年举办的第五期全国海港一级引航员考试培训班得到反映。该班的开办，先由引航专业委员会向交通部港务监督局申请，经该局认可后，方于1997年10月在上海海运学院正式开课。培训班的学员来自17个港口，总共43人，他们系由各港引航站按照《海港引航工作条例（试行）》的有关规定，进行了认真的资格审查，名单报至专业委员会后，又经过了认真的复审，以确保公平。各港引航员、引航站领导、有关部门都对该培训班的开办给予了重视。开学典礼上，交通部安监局、引航专业委员会和上海港务局有关领导均出席并致辞。培训班的具体工作由上海海运学院和上海港引航站共同负责，后者为此做了大量准备工作，前者则为该班选派了优秀的教师，制订了周密的计划。这次培训共计296 个学时，持续了3 个月，内容包括船舶操纵、船舶避碰（包括雷达标绘）、引航英语、海上交通工程（VTS）、全球海上遇险与安全系统（global maritime distress and safety system，GMDSS）、雷达与 ARPA（自动雷达标绘仪，automatic radar plotting aids）基础理论，以及专题讲座等课程，另外还安排了有关训练。培训班于 1998 年 1 月结束。学员们参加了 1998 年度第一学期全国海船船员统考，通过者获得了一级引航员资格证书。

1986—2011 年上海港使用的“沪港引 3”号引航船

引航专业委员会自成立以后，对引航员的航海新技术培训工作也比较重视。由于引航工作的特殊性，引航员投入到这一行业中去以后，绝大部分时间都是在港口度过的，工作接触面比较窄。同时，由于引航工作紧张、繁重，引航员的业余学习时间比较少。这种状况对于引航员熟悉航海技术的新进展非常不利，甚至有的引航员参加工作若干年后，对于航海技术的发展一无所知。在国际航运业迅速发展、航海技术快速更新的时代，引航员非常有必要了解并跟上航海技术发展的步伐。为了帮助引航员实现这一目标，引航专业委员会举办了好几届新技术学习班。1999 年 8 月，在北京举办了一次新技术学习班，为期一周，聘请有关方面的专家为各港推荐的学员授课、研讨。这种培训，对于提高一线引航员的业务素质有一定的促进作用，受到了各港引航机构及引航员的欢迎。

除了以上两种业务培训之外，各港引航机构还充分利用本港的条件，结合当地引航工作的实际情况，开展各具特色的引航员业务学习和培训工作。广州港引航站对学习引航员严格要求，每月组织进行一次集中的业务学习，每两个月组织一次理论考试，还编印了《广州港引航汇编》二册，作为引航员业务学习的参考材料之一。连云港引航部门要求引航员充分利用业余时间进行业务学习，采取边工作边学习的方法，不断更新业务知识。各港引航机构还充分发挥传统的师徒授受方法的优势，在采用集体、团队学习的同时，仍然在引航员中间提倡“拜师学艺”的方式，加强引航经验的传承。集体学习、团队培训的学习方式有一个缺陷，即无法充分顾及每位学员的特殊性，而传统的“拜师学艺”方式正好可以弥补这一不足。当然，20 世纪 90 年代末引航业中的“师徒”关系，与一个世纪以前引航业传统的“师徒相授”制相比，更多了开放性与科学性，不再具有以前那样的依附性和封闭性，传授引航技术的形式和内容都更讲究科学性。

引航员业务学习和培训制度的规范化、方法方式的多样化，有利于引航员的正常成长，对于引航员队伍整体素质和技术水平的提高也很有促进作用。

四、长江引航员方面的情况

随着长江沿线对外开放及长江航运业的发展，长江引航员队伍得以逐步成长、壮大。20 世纪 70 年代末，长江引航员还由长江航运部门的驾驶员担任，人数比较少，队伍不稳定。20 世纪 80 年代初期长江航政部门开始管理引航事务后，即逐步采取措施，着手培养引航人员。

1980 年，为适应引航业务不断增长的形势，南京航政分局从长江航运公司所属各单位聘用了 22 名退休的船长、驾驶人员担任南京、镇江、南通三港的引航员。他们多年在长江航行，具有一定的长江引航经验和技术，年龄又多在 60 岁以下，身体状况良好。在当时长江引航员紧缺的形势下，他们经过体检、审核，与航政部门订立一年左右的服务合同，承担起长江引航的工作，暂时缓解了引航员人手紧张的压力。

为了尽快培养引航人员，1982 年南京航政分局通过多种渠道，调进了数名引航员、船长、驾驶员，以及几名大中专毕业生。1982 年 3 月开始，该局举办了为期两个月的专门培训班，对上述人员进行引航理论培训与实际操作训练。培训过程分为三个阶段：第一阶段学习引航基础理论并进行避让操作，集中学习有关引航操作、航行避让等基础理论，并用监督艇现场教学，学习避让航道中的障碍物；第二阶段是上长江客运班船见习，以当班船长或驾驶员为指导老师，在船长、驾驶员的陪伴下，试引领船舶；第三阶段是跟班引船，在实践中逐渐提高其理论水平和实际操纵能力。从此，长江引航员的培训学习成为一种制度坚持了下来。

1984 年 5 月，南京航政分局制定了《引航员考试、考核、晋级暂行办法》，作为对长江引航员技术水平逐步提高到海港引航员水平的过渡办法。1986 年南京港对外轮开放后，外语加入到了引航员培训项目中。

进入 20 世纪 90 年代，随着长江流域对外开放的扩大和航运业的迅速发展，长江引航员的培养工作必须适应新的需要而加大力度。在这种状况下，长江各港引航站对于培养引航员更加重视。首先，是给初级引航员尽量多的机会，放手让他们独立引航，鼓励他们尽快成长。在引航调度时，尽量做到一老一新互相搭配，以促进新引航员的学习。对于具有较强的事业心、理论和实际操纵水平较全面的二、三级引航员，有意识地分层次重点培养。新引航员通过考试后，不是让他们立即单独引领，而是由经验丰富的一级引航员陪班，过一段时间后再放手让他们完全独立地工作。其次，是加强引航员培训，及时总结经验教训，提高引航员的技术水平。南京引航站根据引航员的技术状况，将港区船舶靠离泊操作经验欠缺者安排到南通港、张家港港去练习港区靠离泊操作。此外，引航站还组织引航员互相交流理论和引航经验，以共同提高引航技术水平。对于一些较难的引航问题，还组织引航员一起分析研究，共同加以解决。

为适应长江进一步对外开放，打破地域界限，适应船舶营运的需要，将分散在沿江各海事管理机构的引航站进行合并，1997 年，成立长江引航中心。实行集中统一管理，合理配置引航资源，发挥长江引航的整体优势，极大地解放和发展了引航生产力，提高了长江引航的快速反应能力，适应了长江港口不断扩大开放的需要，提升了长江港口的整体竞争力。

1997 年长江引航中心初成立时的浏河办公楼

五、引航员队伍的发展壮大

20 世纪 70 年代末，引航人员缺乏的问题在各港普遍存在。那时全国各港的引航员人数，上海港最多，也不过四五十人。其他几个主要港口平均在一二十人之间。中小港口的引航员数量更少，部分港口也就几人而已。

进入 20 世纪 80 年代，随着各项引航规章制度的确立，引航员培养逐步走向正规化，各港引航员队伍也稳步壮大。在不到 20 年的时间里，各港引航员的数量普遍有了成倍的增长。到 1999 年上半年为止，上海港引航员已达到 144 名，长江引航员也达到 160 余名。一些原先还是荒凉渔村的地方，如深圳、日照，经过近 20 年的发展，已成为充满活力的新兴港口，这些地方的引航员队伍也从无到有，逐步壮大，成为引航界的一支新兴力量。

大连港引航员数量的变化，反映了沿海几个主要港口引航员队伍变动的一般状况。1957 年，该港只有 13 名引航员，其中 12 人是新中国成立后培养起来的引航员。到 1966 年年底，该港登记的引航员增加到 15 人，其中 9 人是新中国成立后从航海院校毕业生中选拔培养起来的。到 1969 年年底，由于政治活动的冲击，该港在册引航员只剩下 8 人，以致他们不得不经常连续工作，没有什么休息日。面对这种局面，大连港又从其他方面调入人手充实引航员队伍。到 1974 年年底，引航员又恢复到了 14 名，与 1957 年前后基本相等。20 世纪 70 年代后期，面对急剧增长的引航业务，为了解决引航人手不足的问题，大连港又从各单位的工人中选拔了 10 人，举办了一个引航员培训班，由老引航员为他们讲授航海基础理论、船舶操纵、避碰、英语、涉外纪律和章则法令等课程，培训半年后又安排他们分别到海上及港内的拖船上实习，然后安排他们跟老引航员登船学习引航业务，最后有 4 人成为合格的引航员。不久之后，随着高等教育的恢复，航海院校毕业生重新加入引航员队伍。到 1983 年年底，大连港引航员已经增加到 23 人，其中二级引航员 12 人，占了总数的一半多。三级引航员 7 人。助理引航员 6 人（包括为外港代培的 2 人），其中 5 人是大连海运学院 1982 届的毕业生。此后，该港连年吸收航海院校毕业生学习引航。到 1994 年年底，该港在册引航员已达到 35 名，其中高级引航员 5 人，一级引航员 13 人，二级引航员 7 人，三级引航员 7 人，助理引航员 3 人。到 1999 年上半年为止，由于人员退休，该港引航员总数减少至 30 人，但队伍结构发生了变化，其中高级引航员 8 人，一级引航员 10 人，二级引航员 6 人，三级引航员 6 人。

烟台港的引航员数量变动，则反映了各中小港口引航员队伍的发展特征。1952 年，烟台港只有 1 名引航员，系新中国成立前已从事船舶驾驶，新中国成立初才调过来的学习引航员。1957 年，与其他港口一样，该港也从有一定驾驶经验的船员中选拔了 1 人，经过一年的培训，成为了引航员。1961 年该港又补充了 1 名大连海运学院的毕业生任学习引航员，引航员队伍发展到了 3 人。不久，20 世纪 50 年代培养起来的两名引航员先后病逝，引航员只剩下 1 人。1974 年、1979 年，该港又分别补充了 2 名学习引航员，使引航员总数达到 5 人。20 世纪 80 年代初，随着引航业务的新发展，该港先后增加了 9 名航海院校毕业生学习引航，还由别的港口调入 1 名引航员，使引航员总数增至 15 人。1987 年港口体制改革，2 名引航员担任海监局领导职务，不再做引航工作。1991 年至 1993 年又有 2 名引航员调离，该港引航员总数降为 11 人。这个规模一直保持到 20 世纪 90 年代后期。

深圳港引航员队伍的发展体现了 20 世纪 80 年代以来新兴港口引航业发展的特征。1981 年 4 月，国务院批准蛇口工业区五湾码头对外国籍船舶开放。此前，深圳港引航业还是一片空白。1984 年，蛇口港已有了 3 名二级引航员，1986 年又增加了 1 名学习引航员。1988 年，蛇口港有 5 名引航员。为了适应引航业迅速发展的需要，蛇口港先后从广州、湛江、上海等港口以聘请、借调、正调、劳务轮换等形式引进引航员。到 1991 年 7 月，引航员队伍扩大到 8 人。

到1995年上半年，增加到16人。与此同时，深圳港监引航部门也积极吸收、培养引航人才，1991年建立引航站，1992年年底引航员即达到14人。1997年深圳港引航业实现统一管理，引航员队伍总数达30人，其中高级引航员7人，一级引航员8人，二级引航员7人，三级引航员4人，学习引航员4人。1999年，该港引航员总数仍为30人，但结构略有变化：高级引航员11人，一级引航员6人，二级引航员8人，三级引航员5人。在15年的时间里，深圳港引航员队伍得到如此迅速的发展壮大，一方面反映了该港航运和引航业务增长的速度较快；另一方面，也得益于其他港口的援助和支持。这两个特点，在日照、潮州、惠州、茂名、锦州、葫芦岛、龙口等新兴港口都有所体现。

六、青年引航员的成长

引航业得以不断发展的一个重要条件，就是青年引航员不断补充到引航员队伍中来，并不断成长，将引航业既有经验和技术继承下来，并加以发扬光大。为此，各港对于青年引航员的培养和成长一直都比较重视。特别是20世纪80年代以来，随着一批批海运院校毕业生加入引航员队伍，各港对于青年引航员的培养也加大了力度，制定各种制度和措施，指定有关人员，千方百计为青年引航员的成长创造条件。在引航员的成长过程中，老引航员尽心向他们传授自己多年积累的技术和经验，在实际工作中大胆使用年轻人，为他们提供更多的学习、锻炼、提高和进修的机会。与此同时，各港还非常注重青年引航员职业道德和职业精神的培养。

长江引航中心实施青年引航工程，培育长江引航接班人

在这样的有利条件下，青年引航员得以迅速成长起来。经过 10 余年的学习、实践和提高，20 世纪 80 年代初参加引航工作的新一代青年学生，到 20 世纪 90 年代后期已经成为中国引航业的骨干力量。他们大都取得了一级、二级引航员职称，其中一部分还取得了高级引航员的职称。随着老一辈引航员逐渐退休，他们逐步承担了各港引航工作的主要任务。

进入 20 世纪 90 年代后期，各港引航员队伍又面临着人员更新的形势，20 世纪 60 年代开始执业的引航员多已退休或接近退休，20 世纪 70 年代培养起来的引航员也大多步入中年，引航员队伍年龄老化和技术断层的可能性再度呈现。在这种形势下，各港都意识到了培养引航事业接班人的重要性和紧迫性，纷纷采取切实措施，加快引航员队伍年轻化的步伐。各港引航站继续吸收优秀的院校毕业生学习引航，加强对他们的培养。一方面坚持从职业道德、敬业精神教育入手，引导青年引航员热爱引航工作，服务港口引航事业。另一方面采取一系列切实措施，如组织青年引航员与老引航员结对互帮互学，在工作中压担子，促使其长见识增才干，优化青年引航员分档、晋档制度等，以加快青年引航员的成长。

到 1999 年上半年为止，经过各港的着力培养，一支年轻的引航力量已经崭露头角，成为引航员队伍的跨世纪接班人。根据各港引航站提供的引航员统计名单，在沿海 29 个港口中，三级引航员和学习引航员的人数已达到 183 人，占这些港口在册引航员总人数的 29.7%，在这 183 名引航员当中，除去 12 个港口的 46 人年龄不详之外，其余 17 个港口的 137 人，平均年龄只有 30.3 岁。而与之相比，这 17 个港口其余 274 名在册的高、中级引航员，平均年龄则为 43.8 岁。134 名长江引航员，平均年龄为 35.9 岁。其中，一级引航员 73 人，平均年龄 40.6 岁；二级引航员 27 人，平均年龄 33 岁；三级和助理引航员 34 人，平均年龄 27.9 岁。引航员队伍的年轻化，表明引航员队伍建设正稳步进行，引航后备力量正在成长。

七、世纪之交引航员队伍的整体概况

为了对全国引航员队伍的整体状况有一个基本的了解，在引航专业委员会的支持及各港引航机构的协助下，1999 年 8 月开展了对沿海及长江各港引航员的人数、年龄、职级、履历等基本情况进行了调查统计。截至 1999 年年底，共有23个沿海港口及1个长江港口提供了引航员的人数，其中17个沿海港口和1个长江港口提供了详细的引航员名册。这24个港口所提供的有关引航员人数、年龄、职级等情况，截止日期均为1999年6月30日。此外，还有6个沿海港口及长江引航中心引航员的人数及职级等情况分别截止到1995—1998年。根据这些资料，我们得出引航员队伍的总体概况如下：

人数方面，到20世纪90年代末，沿海29个港口的引航员及长江引航员的总人数为750人，其中海港引航员616人，长江引航员134人。已知的570名海港引航员当中，高级引航员85人，占14.9%；一级引航员128人，占22.5%；二级引航员174人，占30.5%，三级引航员143人，占25.1%，助理引航员40人，占7.0%。

2004年起上海港使用的“沪港引1”号引航船，原为中海客船，曾用名为“展新”号、“新上海邮轮”号

年龄构成上，截至1999年6月30日，沿海17个港口的411名在册引航员，平均年龄为39.3岁。其中，55名高级引航员的平均年龄为51.3岁，101名一级引航员的平均年龄为45.7岁，118名二级引航员的平均年龄为38.7岁，107名三级引航员的平均年龄为31.5岁，30名助理引航员的平均年龄为26.1岁。从上述数据来看，引航员的年龄随职级的由高到低而逐次递减，每一职级引航员的平均年龄相差5至7岁。这表明，引航员队伍的年龄结构呈现出了比较合理的老、中、青搭配的状态。

学历方面，按照《海港引航工作条例（试行）》的规定，引航员须从航海院校驾驶系毕业生或优秀船员中选拔。改革开放之后，引航员培养走上常规轨道，新培养起来的引航员多为院校毕业生直接参加引航工作者。此外，

《海港引航工作条例（试行）》实施之前，也有相当一批从其他途径选拔来的引航员，逐渐成长为引航骨干。到1999年上半年为止，沿海17个港口的411名在册引航员当中，航海院校毕业生直接学习引航的有311人，占总数的75.7%。学习引航之前从事过船上及其他工作的有100人，占总数的24.3%。

军训中的新进引航员

据交通运输部职业资格中心和中国引航协会对中国大陆地区的45个引航机构调查统计。截至2016年年底，我国共有引航员2298名，其中海港引航员1744名，内河引航员554名。级别上，高级引航员有649名，占28.24%；一级引航员725名，占31.55%；二级引航员416名，占18.1%；三级引航员366名，占15.93%；助理、学习引航员142名，占6.18%。年龄上，21~30岁的引航员有240人，占10.44%；31~40岁的引航员有837人，占36.42%；41~50岁的引航员有754人，占32.81%；51~60的引航员有467人，占20.32%。可见通过近20年的发展，引航员的队伍伴随着我国港航事业发生了巨大的变化。

通过多年的筹备，2008年1月8日，中国引航协会在北京成立，其是由引航机构为主自愿组成的非营利性全国引航行业自律组织，目前拥有单位会员45家。

协会的宗旨是：忠于祖国，遵守宪法、法律、法规和国家政策，规范行业行为，维护行业秩序，加强队伍建设，维护行业合法权益，协调行业内部事务，加强对外联络，参与国际引航事务，提升我国引航整体水平和服务能力，保障航行安全和水域清洁，促进我国港口和国民经济的健康发展。

协会的基本职能有四条。一是中介职能。当好政府和引航机构的桥梁，积极向政府及其主管部门反映行业和会员诉求，提出行业发展意见建议，促进行业健康发展。二是管理职能。根据政府授权，承接政府转移的职能，加强行业自律。围绕规范行业秩序，建立各项自律性管理制度，制定并组织实施引航职业道德准则，大力推动阳光引航，建立完善自律性管理约束机制、社会评价和监督体系，促进行业服务水平的不断提高。三是服务职能。切实代表行业利益，为引航机构和引航员服务。帮助会员提高素质，增强服务能力，维护会员合法权益，对有困难机构和引航职工提供经济和法律援助。四是咨询职能。作为行业代表，就港口公共安全管理等重大问题，向政府主管部门和有关单位提供信息和咨询服务，促进引航和港口公共安全建设，同时也提高引航机构在港航发展中的话语权。

协会每年在 7 月 11 日的中国航海日举办“中国引航发展”论坛；每年开展 2 ~3 次引航安全培训，根据情况开展一次解决实际问题、有针对性的研讨会；每年组织会员参加中国航海学会学术交流活动，每两年开展一次引航学术论文评比活动等。组织会员参加国际引航协会（IMPA）、亚洲航海论坛（ANC）和亚太引航论坛等学术交流。

2011 年起投入使用的“沪港引 11”号引航船

第二章　船舶引航员的价值

第一节　“水上国门形象第一人”

一、“水上国门形象第一人”的概念与内涵

2009 年 9 月，时任交通运输部副部长徐祖远提出，引航员是“水上国门形象第一人”。其在回答《中国水运报》记者提问时曾说：

“引航员是‘水上国门形象第一人’，引航员职业特征，第一是涉外性，第二是专业性，第三是风险性。

徐祖远题写的“水上国门形象第一人”

“作为‘流动国土’的船舶看到的第一个行使国家主权又能够提供高质量技术服务的中国人就是我们的引航员，当船舶完成了装卸货服务以后离港，送走这块‘流动国土’、最后离船的也是我们的引航员。所以引航员在船上工作期间，代表着我们引航员队伍，我国海运发展的综合管理素质在他个人的引航技术活动里面体现出来。他的一言一行、一举一动都代表着我们中国人

的形象，也代表着我们在维护和保障国家主权方面中国人的一种敬业精神，这样我就把他们形容为‘水上国门形象第一人’。”

引航员制服

2009 年 12 月，时任中国引航协会会长陈正华在《中国水运报》发表的文章中提到，其认为，“水上国门形象第一人”包含了四个层面。

一是从引航员工作的性质和特点上看，徐祖远讲话中把引航员职能说得更清楚、全面了，他既强调船舶是“流动国土”，又强调引航员不仅是一个守门人、一个领路人，而是在从事高技术服务行业。在引航员眼里，所谓“水上国门”，是主权之门、安全之门、科技之门。另外，徐祖远也点明了引航员“个人”独立工作的特点，并把引航员“个人技术活动”与整个海运发展的综合管理素质、与中国人的敬业精神联系起来了。

引航员在洋山港的合影

二是从引航工作与海运事业发展的关系上看，徐祖远用“不可替代”来形容引航在港口生产组织活动中的特殊作用。“因为没有引航这个环节，港口的整个生产组织将无法正常进行”。引航员是港口生产的先行官、第一环，是港口发展的核心生产力。

三是从国家对外开放与海运发展的关系上看，海运发展在国民经济发展中占有重要的地位，而海运要发展，引航须先行，引航在国民经济和对外开放中的作用不容忽视。

四是徐祖远从新中国成立60年来的实践中总结出引航业对港航业发展的四个作用，其中，引航业对中国航海技术的促进作用，是首次明确提出来的。

精神饱满的引航员队伍

在其后，全国引航系统开展当好“水上国门形象第一人”活动。对内提高引航职工“第一人”意识，激励职业荣誉感、使命感，练好内功，提高素质，建设一流的引航员队伍；对外提高引航工作的社会认知度和社会地位，树立“第一人”形象，推进引航立法，创造和谐环境，促进引航事业发展，服务海运强国发展战略。

二、“水上国门形象第一人”的品牌建设

近年来，引航系统精心打造“水上国门形象第一人”文化品牌，整体提升了中国引航员队伍素质和引航现代化建设水平，使“水上国门形象第一人”成为全国交通运输行业的重要品牌、对外开放的一张“国家名片”。

引航员肩章

1. 升级引航文化品牌

中国引航协会在2008年1月成立之初，就把创建引航文化品牌作为重要任务。交通运输部领导提出的“引航员是水上国门形象第一人”，形象准确地概括了引航员的职业特征和社会定位，指明了中国引航业发展的方向。

水上国门形象第一人（倪衍根创作）

2010年12月，交通运输部发出通知，决定在全国交通行业开展向长江引航中心高级引航员姚泽炎学习的活动，这在全国交通运输行业树立了引航文化品牌的形象代表。这期间，中国引航协会通过挖掘、提炼、吸纳、整合、升华，建立了引航核心价值体系、引航职工行为规范体系、文明引航机构建设标准体系和引航行业标识体系。

2013年7月，交通运输部召开“阳光引航推进会”，全国引航系统正以队伍阳光、机制阳光、理念阳光为标准，打造中国引航文化品牌的“升级版”。

品牌创建5年来，全国引航系统共涌现出一批劳模、文明单位及先进集体。国家领导人和交通运输部领导先后接见引航员代表，称赞“引航员是中国港口发展的见证人”“国之宝，业之精”。5 位曾担任过远洋船长（政委）的部领导共同为“十佳引航员”颁奖，在全国港口系统传为佳话。

5 位曾担任过远洋船长（政委）的部领导与首届全国十佳引航员的合影

2. 加快引航现代化步伐

在“水上国门形象第一人”引航文化品牌的感召下，全国引航员掀起了重学术、钻技术的热潮。整体技术素质持续提升，学者型、专家型引航员大量涌现，大批引航员被有关部门聘为技术专家，在中国航海界和国际引航界拥有了更多的话语权。

中国引航协会组织引航员培训

引航基础设施建设取得长足进步，各引航机构建成了引航基地、引航员培训基地；大多数引航机构拥有专用引航艇，有的购置世界上最先进的引航艇，天津、青岛、连云港和湛江等港的引航机构使用直升机接送引航员，尽量保证引航员在不利气候条件下安全登离被引船舶，引航员的工作、训练、学习、生活等条件得到很大改善。

引航系统信息化、智能化建设进入快车道，普遍建立了网上引航信息平台，许多引航机构信息化建设达到世界先进水平。长江引航中心和所属 10 个引航站通过光纤互通，实现了数据、语音、视频三网合一，具有船舶监控、调度管理、助航、搜救等多种功能。厦门港、青岛港引航站和集美大学共同研发出新型船舶引航辅助系统，引航员通过一部智能终端，就能实时掌握附近安装 AIS（船舶自动识别系统，automatic identification system）设备船舶的动态，查询海水的流速和流向、海上风速和风向、能见度及近海即时天气预报和预警信息，为引航安全提供了强有力的保障。

引航机构召开的 AIS 助航仪研讨会

3. 提升引航服务能力

在品牌引领下，引航职工凭借良好的引航技术和服务，确保了港口畅通和到港船舶安全，为我国港航和国民经济持续快速发展做出了重要贡献。我国港口引航能力、服务效率和服务水平均居世界前列，彰显了世界航运大国风范。

据统计，2016 年，全国 45 家引航机构共引领中外船舶 38.2 万艘次。其中，引领外贸船舶 32.9 万艘次，引领内贸船舶 5.3 万艘次。引领集装箱船舶 12.86 万艘次，引领危险品船舶 7.2 万艘次。引领超大型船舶达到 9 万艘次，其中包括 40 万吨级船舶和 1.8 万 TEU（标准箱，twenty equivalent unit）集装箱船舶。上海、长江、宁波、深圳、天津、青岛、大连、广州、厦门、烟台十家引航机构年引领船舶艘次过万，其中上海港引航站引领船舶突破 7 万艘次，创历史新高。长江引领船舶近 6 万艘次，达历年最高水平。

洋山港开展能见度不良条件下的引航技术研究

全国引航机构推行“阳光引航”，以公开、公正为原则，建设关键环节重点事项的透明体系，公开调派计划、拖船使用、收费标准；以网络为平台，建设信息透明的运行体系，实行网上申请、网上调派、网上结算、网上查询；以责任追究为保障，建设严密的阳光监督体系。

在当前航运寒冬期，引航职工创新服务，保安全、保船期、降成本。2014 年江苏德龙码头对外开放，连云港引航站从江苏沿海开发的大局和服务灌河两岸港航企业的发展角度出发，开展灌河水文、气象、潮汐、潮流等条件的理论研究，组织本站引航专家研究引航方案及应急预案，成功将载有 45 700 吨红土镍矿的中国籍远洋货轮“浙海 516”安全引领靠泊灌河港区德龙码头，标志着首引成功。截至 2016 年 11 月，连云港引航站引领 336 艘 5 万吨级船舶进出灌河，并做到安全无事故，为江苏德龙镍业有限公司节约成本近亿元。宁波引航站对通过虾峙门船舶采用点对点交流组织法，使船舶在宁波港域运行效率提高 40%。长江引航中心太仓引航站经过科学论证，4 年来 4 次放宽船舶吃水，使单船成本节省 60 多万元，使进港船舶从 7 万吨级逐步上升至 25 万吨级，每年为太仓港产生直接经济效益过亿元。厦门港引航站在港口航道、码头设计能力受限的不利情况下，通过提升自身引航技术、合理组织港口通航秩序、规范引航操作流程、开展科技助航等途径，陆续实现了 15 万吨级、20 万吨级超大型船舶挂靠厦门港的常态化作业。2015 年 11 月，唐山港引航站克服船型巨大、能见度不足 1 海里等困难，成功引领了长 361 米、宽 65 米、载重 38.8 万吨的世界最大型散货船舶“宏远”轮靠泊曹妃甸港区矿石三期 5 号泊位，开启了唐山港矿石运输的巨轮时代。中国船东协会曾对引航服务质量进行调查测评，认为引航品牌创建改善了港口软环境和公共服务能力。全国引航机构引航申请受理率达到 99%，按时开航率达到 98%，社会满意率达到 95% 以上。

“宏远”轮成功靠泊在唐山曹妃甸港矿石三期 5 号泊位

三、“水上国门形象第一人”的对标规范

要真正达到“水上国门形象第一人”的要求，首先要认清引航工作的涉外性。涉外性是引航员的鲜明特点，政治过硬是基本要求，要有严格的组织性、纪律性，不服从组织管理，没有大局观念，技术再高也不是一名合格的引航员。除此之外，引航员还应在以下几方面对标规范。

1. 塑造良好的外在形象

外在形象是指引航员的仪态、仪表。引航员与船方之间的交流首先建立在外在形象上。有些引航员不太重视外在形象，认为只有技术重要。而孔子说过，“不学礼，无以立”。虽然外表不能决定技术水平有多高，但引航员是代表国家行使引航主权，事关国体，制服统一，装备划一，言谈举止温文尔雅，会给人留下威严的印象。这既体现国家主权的神圣，又是对船方的尊重，同时也能增加船方对引航员的信任，制服本身就可对行为产生约束作用。中国引航协会和各引航机构也会定期开展引航员礼仪培训。

工作中时刻注意个人形象

2. 建立高品质信息交流

引航员要与很多国家的人打交道。每个国家的船方对待引航员的态度不一，可能会导致误解、争执，甚至摩擦，原因常常是信息交流出了问题。信息交流其实从 VHF（甚高频，very high frequency）无线电话里面的问候就开始了，其会拉近引航员与船长之间的距离，见面后的微笑和握手会催生双方的信任感。之后询问船舶操纵性能，介绍引航方案和港口概况等会让船长放心地把船舶引航权交给引航员。这时引航任务已经完成一半了，因为这时起船长会更好地配合引航员工作。大型邮船、超大型船舶、特种船舶上的信息交流更为重要，这些船的操纵性能有别于普通的船舶，船长又通常都有丰富的航海经验，也是船东精挑细选的，获得船长的认可，将会为接下来解决更大的引航技术难题做好铺垫。中国引航协会举办培训班，介绍高品质信息交流的重要性，鼓励各引航机构开展行之有效的信息交流。

引航员与船长建立顺畅的交流氛围

3. 拥有良好的心境和心态

引航业务表象看似是引航技术，实际是一个综合业务，是多部门协同作战。引航员不单是技术员，更是协调员、指挥员。引航员开始实施引航时，就已经从单纯的引航技术人员转变为引航业务综合指挥员了。指挥过程中不能怨天尤人，而要未雨绸缪，防患于未然。这就要求引航员要提高自身的修养，调整好自己的心态。引航员职业具有特殊性，风雨兼程、披星戴月，关键时刻要一个人做出决策，情绪易波动，所以控制情绪也是引航员的必修课，这也是引航员需要高素质的原因之一。人最大的敌人就是自己，引航员要有一颗能够战胜自己的心，时刻反思自己。

专注工作的引航员

4. 练就精湛的引航技术

精湛的引航技术是自信的基础，引航技术水平是衡量引航员是否合格的基本条件。拥有了过硬的引航技术，才有底气，自信才会从精神面貌中展现出来，从而带动被引船的船长、船员。引航员的工作一要安全，二要高效，这样才能体现引航员的价值。拥有过硬的引航技术，才可更好为港航企业服务，进而树立良好形象。各引航机构注重引航员的引航技术，通过安排优秀的引航员带教、培训、交流、考核等手段，努力提高引航员的引航技术水平。

船长与引航员交流引航方案

综上，要成为一名合格的“水上国门形象第一人”，必须内强素质、外树形象。有过硬的心理素质，有高尚的自身修养，加上完美的引航技术，才会造就合格的“水上国门形象第一人”，对外展现与时俱进的中国引航员新形象。

第二节　船舶操纵专家

引航员的任务是在港口通航水域以及与之相连的江河、水道、海峡等特殊水域内运用船舶操纵等航海技术，引领船舶航行、靠（离）泊位或锚泊作业等，并参与（从事）引航管理和提供引航技术与咨询服务，引航员是名副其实的船舶操纵专家。在国外，引航员一般从经验丰富的船长中挑选。而伴随着我国引航业独特的发展路径，一套具备中国特色的引航员培养体制机制也已成形，这使得我国引航员队伍具备培养周期短、技术水平高、科研能力强等特点。

一、操纵技术的培训

我们国家的引航员培养跟国外有比较大的区别。国外的引航员大多是从船长当中挑选的，经短期培训后成为引航员。想要到了港口后马上能胜任引航员的工作，则要求其有长期的港内引航经验。港内船舶的操纵能力的养成需要经过相当长的时间。一般来说从迈入航海领域到成为一名称职的船长需要 10 至 15 年时间，成为一名引航员又需要 10 至 15 年的船长资历，有些国家甚至规定 20 年以上，这使得国外引航员虽航海经验丰富，但年龄也较大。

引航员技术培训

我们国家的引航员培养机制和体制则不一样，我国引航员主要来自两方面：一是从航海院校招收学习引航员，二是从船公司中招收具有航海经验的船员充实引航员队伍。从院校出来的毕业生，取得最低要求的驾驶员适任证书后还要进行专门针对性的引航技术培训，达到规定的条件才能报考引航员资格考试，通过资格考试后，经实操考评合格后才能受聘为引航员。

引航员入职培训

新人自进入引航机构担任三级引航员起，要不断进行学习和知识更新，经过规定年限的引航安全记录、引航工作完成量、服务质量追踪合格考评后，可通过资格考试和实操考核逐级升任二级引航员、一级引航员。一级引航员经过评审，有机会成为高级引航员。要成为一名高级引航员，通常需要十多年的磨炼和培养，还必须是安全引航无事故。因此，我国引航员和许多其他国家和地区的相比虽然更加年轻，但是技术还是非常过硬的，这正是因为我们有一整套机制来培养年轻引航员。

美国交流学生在中国

二、操纵技术的应用

引航员在美国一项职业危险系数排行榜中，仅次于矿工和飞机试飞员，排名第3，这足以说明引航员这一工作的危险性。而与其他危险职业相比，引航员所面临的主要危险来自于引航员通过引航梯登离船舶，全世界每年都有若干名引航员因此死亡，受伤的引航员更多；还有就是船舶操纵不当引发的水上交通事故。此外，伴随着职业危险的还有潜在交通事故中的生命、财产损失及港口环境污染等一系列重大风险。所以引航员职业环境非常复杂，对船舶操纵技术要求非常高，在岗时不仅仅有生理的风险，心理压力也非常大。灵活应用所学技术知识完成引航工作是一项艰巨的任务。

引航员登离船时所使用的引航梯

引航员从引航船登上引航梯

目前我国港口通航量连年增长，引航员的工作量也随之增多，安全高效地完成引航任务是对引航员提出的要求，而要达到这一要求首先要倚仗的就是自身船舶引航技术。

姚泽炎，长江引航中心高级引航员，全国先进工作者，全国五一劳动奖章获得者。在其从事引航工作30年来，共引领来自60多个国家和地区的船舶7000多艘次，相当于改革开放初期4年进出长江外轮数量的总和；引航里程达70万公里，相当于绕行地球18圈；引航船舶吨位达6000多万吨，相当于南通港两年外贸吞吐量的引航任务。30年来，姚泽炎书写了安全引航零事故、服务零投诉的奇迹。

他对长江航道的熟悉程度使他揽得了“活海图”的美誉。在他的小本子上，记录着潮汐、航道、水流、各个码头的地形和地貌数据等内容。从吴淞口一直到南京，全长300多公里的航线上，他采集的数据有数千个，都深深地印在了他的脑海里。他还爱钻研雷达、全球定位系统（global positioning system，GPS）和电子海图等现代化设备，用简捷的方法解决引航员船载单元电子海图航标移位不能进行及时修正的问题。“他的雷达应用技术在引航员中来说可能无人相比！”连他的师傅对这点绝活也是赞不绝口。

2008年9月30日8时，姚泽炎登上“玛林”轮。20分钟后，当船舶航行至长江20号灯浮时，主机突然发生故障，停了下来。这意味着，巨大的船舶因此无法操纵和控制，将会在急流和自身惯性作用下迅速冲至下游，10分钟内将到达苏通大桥，有可能发生重大恶性事故。此时，容不得一丝一毫的恐慌和犹豫，姚泽炎脑海中的“活海图”条件反射似的闪现：仅500米宽的航道中8万吨级油轮的确无法掉头，但是航道外还有400米左右宽度的水域可供应急。正是这一闪而过的念头，为逃过劫难带来了希望。他当即发出命令：“显示失控信号；发布航行动态提醒周围船舶避让；护航拖船迅速到船首带缆协助……”船舶在距浅滩200米横距处，成功掉头。这一刻，巨轮在苏通大桥前300米处惊险地划过一道弧线，3艘满载黄砂的小型船舶几乎贴着巨轮尾部划过，一座灯浮也正好从巨轮右侧“擦肩而过”，惊得船上的外籍船员目瞪口呆。然而一波才平，一波又起，船舶像脱缰的野马冲向浅滩，船员们刚稍稍平静的心再次紧张起来。姚泽炎再次果断地向船员大声命令道：“抛锚！”巨轮拖着锚在浅滩前约50米处奇迹般地停了下来，险些搁浅。

时间追溯到2000年3月20日，宁波引航站两位高级引航员踏上了一艘27万吨级油矿两用船的驾驶台。他们引领的是一艘随时可能沉没的巨轮——“威射”轮。该轮于 1999 年 6 月在巴西维多利亚港装载了 25 万吨铁矿石后驶往印度尼西亚。离港后不久触礁，船上 9 个货舱中有 3 个进水，在找到宁波港之前，“威射”轮已经被其他国家的 5 个港口拒绝进港。如果找不到卸货港口，就只能炸沉在太平洋。当“威射”轮抵达宁波港时，吃水已达 20.5 米。横亘在它面前还有二重难关：其一是要经过虾峙门外浅区航道一段水深 18.2 米的浅滩；其二是靠泊码头关。宁波引航站站长陈杰是当年引领“威射”轮的两位引航员之一，他告诉记者，由于船舶吨位大、吃水过深，过浅滩时船底离海底的富余水深已近极限，一旦操作不当，后果不堪设想。“这次引航是我引航生涯中最难忘、最惊心动魄的一次。”最终，宁波引航站大胆闯关，勇于创新，凭借娴熟的技术出色地完成了任务。为此，亚洲太平洋环保总署发来专电表示赞许。

以上的例子是引航员高超船舶操纵技术的缩影。在外人看来，引航员的工作只是喊精简的口令来引领船舶的普通一员。其实不然，引航员首先要对港口的水文、气象等有充分的认识，要随时关注水上周围船舶的动向，掌握水文和气象对船舶引航的影响，通信、航标、雷达等情况都在引航员的关注之内，而精简的口令则是引航员凭借强大的心理抗压能力，综合判断决策的最终结果。这正如姚泽炎所说，“引一艘船，就好像做一件艺术品”。其精美的艺术成品中，蕴含了艺术家自身的技艺、创作过程中的思考和大量的心血。姚泽炎是我国众多引航员的代表。每位引航员都有着自己的引航故事和数量众多的“艺术品”，他们代表着船舶操纵技术的最高水平。

望远镜、海图、平行尺等引航员的职业工具

三、操纵技术的创新

如前文所介绍，我国引航员的培养体系有别于其他国家。相比其他国家年长且航海经验丰富的引航员，我国青年成才的引航员们之所以能够同样具备一流的引航水平，强调船舶操纵技术的研究创新是其中一大原因。从引航员公开发表相关的论文数量来看，1985 年全年只有 23 篇，经过 20 多年的增长，近几年已达到年均 200 余篇的数量。不仅仅有中文论文，还有英文论文。不仅仅在国内的学术交流中取得好成绩，在国际交流中也取得不俗的成绩。

中国引航员参加国际引航协会第 20 届大会

中国引航员在国际学术会议上介绍研究成果

另外，虽然引航员归类于专业技术人员，但他们的职业特点决定他们对所有种类的船舶、助航设备均要能够熟练操作、灵活应用，对职业环境也极为熟悉，这就造就了一个同时对专业技术和技能有高要求的特殊职业，这也让引航员理论联系实际的研究创新模式成为可能。

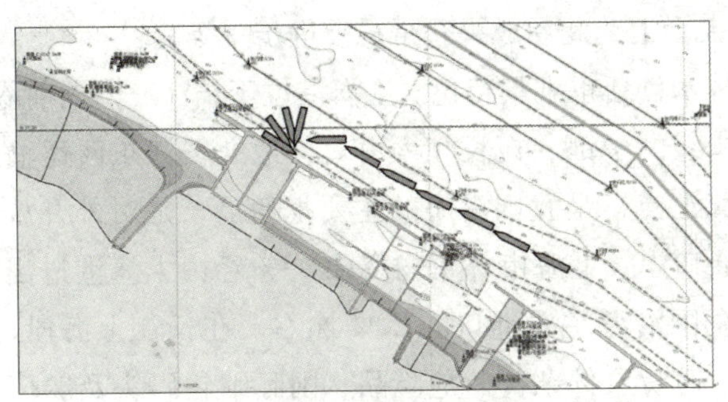

重载船掉头靠泊技术研究

在“水上国门形象第一人”引航文化品牌的感召下，全国引航员掀起了重学术、钻技术的热潮，引航员队伍的整体专业素质得到了质的提升，涌现出了一批专家、学者型引航员，中国引航技术的综合实力已经步入世界引航界前沿。针对引航工作中的各种难题和课题，引航机构大力开展各类技术研发与课题研究。

即将离泊的超大型集装箱船

宁波引航站完成的“引航员转运装置课题”研究被国际海事组织采纳，写入《国际海上人命安全公约》（SOLAS）修正案并在全球执行。

又如日照港，为提升港口接卸超大型油轮的能力，推动日照港能源中转基地建设，应客户需求，引航站抽调技术骨干组成课题组，开展了“基于岚山港区实华 30 万吨级油码头现状的 VLCC 油轮引领技术研究”，解决了在航道受限条件下引领接近满载 30 万吨级“一程”油轮进港靠泊的难题，避免了因为油轮亏舱造成的损失，每年可为客户增加收益约 6000 万元。在日照市

2013 年度科技大会上，此项成果获得科技进步一等奖。

上海港的技术创新也别具特色。上海港位于长江三角洲前缘，居我国 1.8 万公里大陆海岸线的中部、扼长江入海口，地处长江东西运输通道与海上南北运输通道的交汇点，是我国沿海的主要枢纽港，是对外开放、参与国际经济大循环的重要口岸。上海市外贸物资中 99% 经由上海港进出，每年完成的外贸吞吐量占全国沿海主要港口的 20% 左右。在长江上海段、黄浦江两岸，分布着集装箱、散货、件杂货、危险品、国际邮轮码头及船厂，通航船舶几乎涵盖了所有的船舶种类，从十几米长的帆艇到四百米的超大型船舶，从大型豪华邮轮到各国军舰等，无所不包。

引领美国军舰

上海港引航操纵汇编

上海港气候和天气复杂，对船舶安全引航影响最大的风、流、雾等都集于此，另外还存在潮差大、航道狭窄、通航密度大等问题。在如此困难的引航环境下，上海港的引航员们在总结几代引航员积累下的经验基础上研究创新，由周弘文劳模工作室编著了《上海港引航操纵汇编》，全书系统介绍了上海港外港和里港的主要航段航法、主要码头靠离泊的操纵及注意事项；洋山深水港的航行及靠离泊；应急操纵等。这本汇编兼具技术性和操作性，非常实用，体现了引航员的职业特色。

上海港引航站周弘文劳模工作室成员合影

长江引航中心的姚泽炎劳模工作室自成立以来，紧密围绕“服务、安全”中心工作，致力于安全风险防控、引航新技术等课题研究，服务青年引航员成长、成才，为港航企业提供技术咨询服务。因工作室成员在刷新引航新纪录、完成技术成果（论文）、引航员成长等方面的突出成就。2014年4月，姚泽炎劳模工作室所在的引航班组荣获“江苏省工人先锋号”。2015年1月，江苏省授予姚泽炎劳模工作室“江苏省示范性劳模创新工作室”的荣誉。

成立于2015年12月的宁波引航站的潘国华创新工作室，是新时期港口人进一步弘扬劳模精神、集聚创新力量、发挥团队创新作用的重要平台。工作室成立后，将围绕港口生产、安全保障、技术创新、绿色环保等主题，组织开展课题研究和技术攻关；开展职工技能培训活动，充分发挥“传、帮、带”的作用，提升职工服务港航的能力；开展技术交流、共享创新成果，建设知识型、学习型、服务创新型工作室。工作室成员在完成重大引航任务、“梅山集装箱码头船舶靠离泊操纵研究”和“三星重工整船下水引航”等重大攻关项目都取得不俗的成绩，收到服务对象赠送的锦旗1面、奖杯1座、奖牌1枚，《关于招商码头靠泊20万吨级集装箱船的建议》获得宁波舟山港集团2016年度职工创新工作最佳合理化建议等。

宁波引航站潘国华创新工作室成员交流引航体会

从以上事例可以看出，我国引航员通过传帮带的体系将整个引航员队伍的经验积累下来，并不断运用创新思维，在理论与实践相结合的过程中对船舶操纵技术进行创新，在世界引航业内别具特色，是我国引航员队伍建设的一大法宝。

长三角引航机构技术交流协议签约仪式

从个人层面来讲，创新伴随着每位引航员成长的始终，在近年来我国涌现出的优秀引航员中，每一位都有自己的船舶引航绝活，前文提及的劳模姚泽炎就自创了“6321”引航法；而劳模周弘文则将创新贯穿工作始终，在国家核心刊物上发表了《罗泾港区码头水域的安全通航》《超大型船舶安全过宝山北航道》等文章，参与的“外五期码头引航方案”“洋山水域通航安全”等课题研究都极具现实意义和针对性，体现了引航员理论紧密联系实际的工作科研特点。

第三节　港口交通秩序维护者

目前，我国各港口的航运量逐年增长，这对港口通航效率和秩序提出了越来越高的要求。引航员作为进出港船舶的操纵者，更是要肩负起提高港口通航效率、维护交通秩序的责任，更好地服务港航发展。

为贯彻落实党的群众路线教育实践活动，2013 年 7 月，交通运输部出台了《推进阳光引航提升服务水平工作方案》，要求各地港政管理部门和引航机构以“保安全、保船期、降成本”服务航运为宗旨，努力构建以服务经济社会发展为中心的“阳光引航”服务体系；要求各引航机构公布引航申请程序、统一引航申请受理标准，并建立公开引航员调派制度、引航计划报海事管理机构后通过网络平台及时向申请对象公开；要建立信息化系统，通过信息化平台实现引航申报、排班、审核等工作流程电子化和引航员工作过程的监督管理；强调各引航机构要规范引航收费管理、结算、审核，严格按照国家有关标准收费，对外公开，建立收费查询系统，方便船公司核对。各引航机构要在保安全、保船期前提下，努力降低各项服务成本，为确保拖船合理使用，各地港政部门要会同引航机构以及海事管理机构制定《引航作业辅助拖船的配备标准和使用办法》，并对外公布。

“阳光引航”

在随后的推进会上，交通运输部副部长何建中强调，推进“阳光引航”，首要的是保障安全，这是引航最基本的要求。要打造一支素质精良、作风过硬、廉洁高效的引航员队伍，这是保障安全最基本的条件和要求。同时，要完善管理规则，确保引航员依法、依规操作。

何建中对提升引航服务能力和水平提出几点要求。一是要公正，严格按照规定、程序进行引航，经得起法律的检验、社会舆论的监督、服务对象的品评。二是要公开，统一引航申请受理标准。引航申请程序、引航员调派制度、引航计划、收费标准等对外公开，接受社会监督。三是要规范，交通运输部及中国引航协会制定了一系列涉及引航发展的制度，要进一步完善并严格执行。四是要高效，各引航机构要在保安全、保船期前提下，主动为船公司降低各项服务成本，提供高效优质服务。五是要廉洁，建立一支自身过硬的引航员队伍。做到了这五个方面，才无愧于水上国门形象，才能使中国引航和中国港口更有光彩。

一、保障运输安全

“在引航世界里，不可能让惊天动地的事发生，因为安全就是我们职业生命的全部。”

安全是引航的生命线。引航员的责任重于泰山，他们在驾驶台的每一句口令都关系着被引船舶的安危，关系着港口生产和国家荣誉，任何环节的错误或疏忽都可能铸成大祸，给港口和船方带来无法估量的损失。

全国引航机构都将安全视为引航工作的生命线，风险管理、平安引航理念深入全体引航职工心中，全国引航安全形势持续稳定，引航事故率逐年下降。中国引航良好的安全纪录增强了航运企业的信心。在组织对中国港口码头操作和引航、拖船服务进行调查，得出引航服务质量为优的结论后，马士基超大型集装箱船队正式进军中国。随后世界上各大班轮公司都安排最大、最好的船舶挂靠中国港口，这是中国平安引航品牌最有力的证明。

长江引航中心在保障引航安全上落实 4 项措施：一是公开拖船使用制度，合理使用拖船，建立拖船使用协商机制；二是完善特种船舶、夜航船舶审批制度，根据长江航道建设情况，适时调整有关管理规定和审批程序，确保引航服务能力与深水航道建设延伸同步；三是建立引航船舶动态监控制度，对

引领超大型集装箱船

引航船舶保持24小时实时动态监控，及时发现、纠正引航员违章行为；同时对重点船舶进行重点监控，确保上报引航责任事故率低于0.5%；四是实行“逢升必考”制度，根据《长江引航中心引航员技术分档晋升管理办法》《长江引航中心引航员任前答辩考核办法》，对申请晋档晋级的引航员，中心内部组织实操考试、任前答辩，把好用人关。

上海港引航站进一步加强引航安全管理。运用科技手段强化航行动态监控，一是对引航员助航仪进行了全新的升级换代，建立全新的船舶引航和实时录音系统，更新了全体引航员的助航设备，二是新打造了“引航超速上墙系统”，加强对实时引航动态的跟踪和监督，规范引航纪律，保障引航全程的有效监督，及时消除安全隐患，提高引航安全率。

狮子星号昂首过杨浦大桥（沈亮 摄）

日照港引航站在总结以往经验、吸取以往教训的基础上，全站上下牢记“安全是引航事业生命线”这一信条，把握住“不安全就不生产”这一准则，

自觉强化安全意识，积极参与安全培训，严格执行作业标准，认真做好危险源查找和隐患整改，引领每一艘船都能做到事前有预案、事中有管控、事后有总结，安全管理体系逐步完善，分级负责，层层把关，确保了全年责任事故为零、人身伤害为零、紧张局面为零的“三零”目标的实现。

二、保障运输效率

“航道水深的变化，前几天一艘吃水 10.5 米满载的自引煤炭船在航道中搁浅后，后面的几艘同样吃水的船就不敢进江了，现在都挤压在长江口，船东和货主都将面临违约，在严重影响船期的同时，对我们港航企业损失也是很大的……”这是港航企业在遇到航道阻塞时的表达，也是港口交通压力的真实写照。在保证运输安全的基础上，运输效率是港航企业最关心的。除了精湛的船舶引航技术外，信息化和服务优化也是提高引航效率的重要手段。

在“阳光引航”理念的影响下，全国引航职工秉持“宁可人等船，不让船等人”的原则，凭借良好的引领技术，确保了港口畅通和到港船舶安全，引航能力、服务效率和服务水平均居世界前列。各引航机构在确保安全的前提下，急客户之所急，努力缩短船舶在港辅助作业时间，减少船舶在港停时。

舟山引航站立足于提升引航调度指挥效率，先后完成 AIS、VHF 系统和海事 VTS 终端三大系统建设，对引航监控资源实行高效整合，使引航调度管理向现代化、科技化、信息化迈上了新台阶，大大提高了调度指挥能力，实现了引航调度对舟山引航全局的无障碍监控和指挥。为提升引航服务能力，该站在积极推进舟山港域核心港区、马迹山、绿华山港区的夜间引航服务的基础上，努力克服引航时间长、夜间引航安全风险大等困难，进一步提升引航能力，老塘山港区自 2014 年 9 月开展散货船 24 小时引航服务。为解决册子油库码头、老塘山港区各码头在小潮汛期间船舶靠离泊候潮时间较长的问题，该站还主动与海事、港口管理部门沟通协商，在码头水域附近的野鸭山锚地，设立临时锚位，供船舶临时抛锚，为船舶抢占有利的靠离泊时机，向在临时锚位锚泊的船舶指派高级别引航员，提供夜间驻船服务，以确保船舶夜间锚泊安全及次日及时靠离泊。这些举措，有效缩短了船舶的候潮时间，既满足了企业生产需求，又大幅提升了码头的营运效率。

秦皇岛港引航站规定了引航员从接到任务通知至到达岗位的最长时间，西港区不超过 40 分钟，东港区不超过 50 分钟。对于移泊申请，该站按照规定及时受理，并派人前往，从不借故拖延，保证了港口业务的正常运转。其中最典型的例子就是秦港六公司 302 泊位船舶移泊 301 泊位。301 泊位是 10 万吨级深水泊位，302 泊位只有 3. 5 万吨级。为加快船舶周转、提高泊位利用率，大型船舶一般先靠泊 302 泊位排放压载水、装载部分货物，然后待 301 泊位空出后再移泊。为此，每次接到 301 泊位离泊和 302 泊位移泊的引航申请后，该站都是安排两批引航员分别登轮，争取离泊和移泊同时作业，最大限度减少了引航作业占用的时间，提高了码头的整体效率。

三、降低企业成本

为直接解决港航企业在实际经营中存在的困难，各引航机构按照交通运输部关于《推进阳光引航提升服务水平工作方案》的要求，在“降成本”上做了很多工作。

长江引航中心制定了 4 项举措。一是规范收费管理。国际航线船舶引航、移泊费严格执行国家发改委、财政部的收费项目及标准（发改价格〔2011〕1536 号），并按规定在国家发改委领取收费许可证，定期接受物价部门年检，以及财政、审计部门的检查。二是减轻企业负担。按照国家发改委、财政部

港航企业向引航机构赠送锦旗

《关于降低部分行政事业性收费标准的通知》文件精神，自 2013 年 10 月 1 日起，长江干线船舶引航费在现行收费标准基础上下调 20%，年降低额近 6000 万元，减轻航运企业负担。三是严格内部控制。设计开发费收结算软件，所有的引航、移泊费收实行集中统一自动化结算，制定《船舶数据初审规定》《引航签证单管理规定》《引航移泊费结算工作规范》《费收管理程序》《费收会计工作指导书》等规章制度，引航费结算正确率不低于 99.9%。四是强化费收公开。引航费收标准通过外网对外公布，费收查询系统在外网建立链接接口，便于船公司、船舶代理公司了解船舶引航费收情况。

上海港引航站制定了《上海港引航站推进阳光引航提升服务水平工作实施办法》，明确了规范引航费收等 21 条具体工作措施；编制《上海港引航站客户服务手册》，阳光调度、阳光收费、阳光服务使得面向港航企业的引航服务规范化、公正化、透明化；通过网站等渠道向全社会公开引航费率、费收标准和工作流程，财务部门和信息部门积极行动，把生产费收系统与网络相连接，建立船公司和代理模拟收费的系统，进一步方便代理和船公司对具体引航费用的核算；对《引航作业辅助拖船的配备标准和使用办法》进行了修订完善，明确在保障引航生产安全实际需要的前提下，实行船公司和代理自主选择拖船公司，引航站不对拖船公司作出任何限定等。

除此之外，广州、厦门、烟台、海南等引航机构还对部分类型的船舶实行引航费折扣优惠，降低港航企业负担。

身负船舶引航绝技的引航员，在“阳光引航”的感召下，践行着“保安全、保船期、降成本”服务航运的承诺，真正维护了港口交通秩序，扣紧了港航发展的关键一环。

第四节 社会责任担当者

引航员在维护我国水上国门形象、钻研和娴熟运用船舶引航技术，为港航提供阳光引航服务之外，还承担着很多社会责任。肩负这些社会责任不仅是身为公民的义务，更是与引航员优秀能力相称的光荣职责。

一、保护人民生命财产安全

引航风险大，大在两个方面：一是要控制引航事故，一旦出事故，都是上百万乃至上亿的损失；二是人身安全风险比较大，引航员在攀爬引航梯登离船的过程是非常危险的，在遭遇恶劣天气时，容易发生意外造成引航员自身的人身伤亡事故。而很多时候，引航员正是冒着生命危险来换取他人生命财产的安全。

时光回到1950年，5月底至6月中旬，在汕头港外航道，先后有英籍“新亚”轮、军分区海巡队“长平”轮、英籍“安徽”轮及渔船发生爆炸。船员、旅客、渔民死伤29人，部队军人牺牲10人，受伤11人，船只货物严重损毁。随后交通部正式宣布汕头港暂时封闭停航，汕头港顿时变成“死港”。之后不久，引航员黄文田证实了船舶系触雷爆炸的判断，并断定这是台湾当局派遣军舰在黑夜布放的触发式水雷。扫除水雷，“变死港为活港”，成了新生政权的燃眉之急，中共汕头市委、市军管会果断决定：自己动手扫雷。汕头航政局和引航员们承担了这一重任。引航员沈饶生日夜苦思，设想了一套扫雷方案，经水雷专家黄文田认可和修改及模型试验后，终于形成了一套可行、安全的扫雷方案。中共汕头市委、市军管会成立了“汕头港扫雷委员会”，并向所有参战人员宣布：扫雷殉职人员，一律确认为烈士。1950年6月26日，一支由一百多名干部、军人、船员，20多艘各类船只组成的扫雷大军，告别亲人，开赴妈屿岛，安营扎寨。经历了惊心动魄的12天，在天上有敌机轰炸、水下有水雷随时触爆、命悬一线的情形下，舍生忘死，成功扫获水雷8枚、处理自浮水雷2枚。奇迹般完成了汕头港的扫雷任务。

引航员这种大无畏的精神在一代代的传帮带中继承了下来。

1986年6月14日，锚泊在青岛锚地的“阳泉”轮机舱和生活区突然失火，火势凶猛，船员和船舶的安全受到极大威胁。接到求救信号后，引航员杜兆忠带领几名引航员火速赶到现场，边指挥拖船灭火，边抢救船员，同时快速研究拖带此船远离他船的操纵方案。经过几小时的紧张奋战，大火被扑灭，弃船船员获救。之后，拖带无动力的“阳泉”轮安全靠泊便于修理的8号码头。

2003年12月23日早上7点50分，靠泊在深圳一湾码头正在装卸的液化石油气船“祥龙”轮突发气体泄漏事故，该轮载有1500吨液化石油气，属于一级危险品船，一旦发生爆炸，势必引起周边港区储气罐、储油设施的爆炸，这不仅会危及整个港区的安全，也对整个深圳市的安全构成了严重威胁。危急情况下，引航员张寿春、任虹、阎涛毅然于8点40分登上了“祥龙”轮，团结协作，冷静处理，将其安全引离一湾码头。

2004年11月16日13点30分左右，大连港引航站高级引航员汪耘、助理引航员刘建在执行引航任务途中，突然发现H1灯浮标附近有一艘船舶冒出了滚滚浓烟。当确认失事船舶是客滚船“辽海”轮时，立即向海事局交管中心（VTS）报告，同时以最快速度奔赴出事地点，并马上展开了实施救助行动。拖船“连港22”号对“辽海”轮喷出强有力的泡沫进行灭火，引航员汪耘指挥“辽海”轮由船首两侧放出缆绳，船上人员顺缆绳下船至拖船“连港24”号上。在船方、引航员与拖船的共同努力下，成功地救出船员及旅客近两百人（无一伤亡）。后来，为排除次生灾害风险，王键站长与引航员张建峰登上仍有热温的“辽海”轮甲板，指挥拖船“驾着”倾斜的“辽海”轮完成了应急靠泊，为彻底扑灭火源赢得了宝贵的时间。

2006年7月，“康满”轮经过深圳外围海域时，船上发生登革热疫情，两名船员眼底出血，亟待救治。“康满”轮遂改道深圳，准备在大屿山锚地抛锚送两名船员上岸救治。面对这样一次特殊引航任务，面对高传染、高致病率的登革热疫情，引航员周端标、张寿春主动请缨登轮实施引航，以最高的工作效率引领船舶进港抛锚，为患病的船员赢得了宝贵的救治时间。他们这种不顾自身安危，全心全意为船员着想的精神深深地感动了船员，船公司为此专门委托代理向他送来了感谢信。交通局为此专门给予了通报表彰。

2007年，当时世界最大的9600 TEU的集装箱船“地中海乔安娜”轮与最大的挖泥船“奋威”轮发生严重碰撞，“奋威”轮严重破损，失去自控能力，随时都有沉没的危险。经过18个小时的努力，在相关部门的指挥下，天津港引航中心协同各方按照救助方案，使两船成功分离，“奋威”轮安全抢滩搁浅在浅水区域，避免了下沉和倾覆的风险。“地中海乔安娜”轮被引领至安全水域，顺利完成全部抢险任务，为企业降低了难以估量的经济损失。

据我国部分港口统计，引航员每年在港口抢险过程中挽回的损失达数亿元。

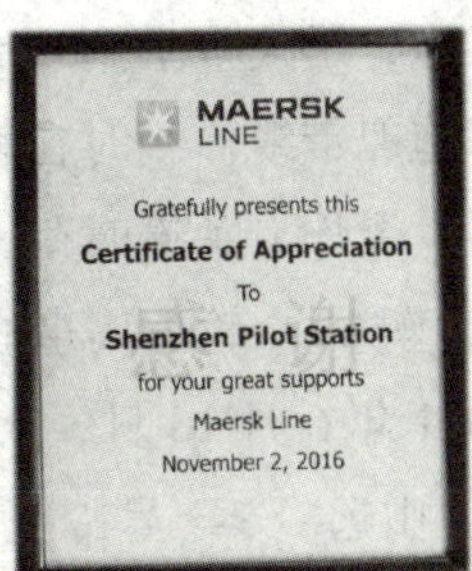

马士基向深圳港引航站赠送感谢状

二、保护港口环境

目前我国各港口都非常繁忙，港口货物吞吐量的不断提升给港口设施、港口环境带来了很大的压力。作为进出港船舶的引航员，他们的头脑中一直紧绷着保护港口航道环境的这根弦。

太仓引航站开展环保宣传活动

2000 年 5 月 4 日，停靠在天津港南疆 3 号油码头的液化气船“长威 2”轮在卸货过程中艏尖舱发生爆炸，情况十分危险。而相距仅 100 米的 2 号码头，正停靠一艘装有数万吨易燃易爆剧毒化学品的“台塑 10”轮。一旦该船受波及发生连环爆炸，后果无法估量。主管部门立即向引航中心发布命令，要求立即将此轮引离事发现场。当时，引航员刘遵清正在调度值班，听到消息后，毫不犹豫地请战出发。事故现场，三四艘消防船正喷出巨大的水雾，但有毒的液化气体扩散面积仍越来越大。面对生死的严峻考验，刘遵清没有丝毫犹豫，迅速登上到“台塑10”轮。刘遵清一边对船上人员进行安抚，一边指挥拖船带缆。当时在船舶操纵上，不能有任何纰漏，稍有不慎产生火花，就会引发爆炸。关键时刻，刘遵清不放过每个细节，镇定自若指挥，30分钟后，“台塑10”轮远离事故现场，抵达安全地带。

2001年6月16日，大连港2号货轮锚地东南风约有6～7级，浪高3米左右。“中远冷9”号冷藏船正在锚泊，因船上的3部副机全部故障，处于无电力失控状态，船上装载的800吨冰块开始融化成水，形成自由液面，船体向左倾斜8度，情况变得越来越危险。大连港引航员王健和徐伟成乘拖船来到锚地，几经周折终于在18:30时艰难地登上了在风浪飘摇中的“中远冷9”号。拖船按引航员的指令冒着危险到船首去带缆，左右摇晃达三十多度。约19:00时，航修船为“中远冷9”号供电绞锚，锚离地后，开始了约7海里的艰难拖带。由于受左舷横浪的影响，再加上“中远冷9”号本身左倾8度，拖带中在茫茫大海上留下了一条蛇行轨迹。大约21:00时许，引航员在拖船的配合下，终于把该船稳妥地靠上了大连联洋船厂码头，“中远冷9”号已彻底脱离了险境。

2004年11月，船长230米，装运5万吨液化石油气的液化石油气船“油气诗歌”轮在深圳大鹏湾的华安码头上失火，火灾发生在船舶生活区，并有向外蔓延的趋势。一旦火灾蔓延至载货区，船舶就有发生爆炸的可能。此时的“油气诗歌”轮无异于一颗冒着烟的巨型炸弹，对整个港区乃至深圳市有着巨大的威胁，亟须引领船舶离港到外锚地。引航员胡伟忠接到抢险应急指挥部的命令后，不顾个人安危，毅然决然地登轮，并成功引领该船舶到外锚地，避免了一次特大事故的发生。

2005年9月11日晚，上海港引航站接到上海国际港务集团和上海市政府相关部门紧急电话：超强台风即将正面袭击洋山港，刚建好的洋山码头随时可能遭遇停靠的“振华10”轮撞击，请上海港引航站务必在台风来临前开走“振华10”轮。引航员刘荣康承接了这项艰巨的任务。这是洋山港的第一次夜航，尚在建设中的洋山港航标设施不齐，夜航如入黑洞，稍不留神船毁人亡。岛间流场复杂，船受风面积太大不易操控，同时施工船、大小型船舶鱼目混珠，辨认困难等。在暴雨中，雷达图像成了白茫茫一片，刘荣康一边仔细瞭望，一边引领船舶航行，巨大的风浪好似要将船上的巨型吊机刮下船，全船人的生命和货物就掌握在刘荣康手中。他不顾自身安危，历经几小时的艰难航行，终于将“振华 10”轮引至金山航道。他的勇敢、他的坚持，挽救了码头、船舶、货物和全体船员的生命。

2009 年 11 月 14 日，天津港引航员李国与三名高级引航员组成引航抢险小组，执行 20 万吨级浮式生产储卸油装置（floating production storage and offloading，FPSO）“海洋石油 113”拖航进港的抢险任务。载着 6 万吨原油的“海洋石油 113”必须进靠南疆 1 号东泊位卸载后进行修船，整个拖带航程超过 10 海里。一旦发生安全事故，可能引发巨大的生态灾难。当李国和同事们乘坐直升机抵达“海洋石油 113”后，海上风力已达 8 级，以正常方式拖航进港已是毫无可能，此时主拖船又发生故障，只能由辅拖的拖船拖带进港。李国向引航抢险小组提出了一个新的建设性方案，经研究、商讨和完善，重新更改拖航计划并且实施启拖，经过 10 个多小时的艰苦奋战，终于将这庞大的海上浮式生产储油船成功拖带进港，安全靠泊。

三、参与海上救援

如前文介绍，引航员是船舶操纵专家，他们不仅能够通过自身娴熟的船舶操纵技巧避免人民生命财产的损失及港口环境的污染，也能够在有需要的时候参与港口之外的海上救援任务。

深圳港区受台风影响大，在一次抗台过程中，引航员张寿春和他的同事们将在港船舶安全引领出港后，接到海事部门的通知：渔船“番禺渔 11”在港口附近水域失事，3 名船员亟须援救。当时的海况已经很差，拖船出海能否保证自身的安全已经有不同意见。张寿春坚定地说出“救人最要紧”。在他的主张和指挥下，“烟拖 1”轮出海救人。他们在深圳西部港区与香港交界附近水域发现了遇险的渔民，当时渔船已经被浪打碎，3 名渔民在木板上随风浪漂泊。由于风浪大，拖船艰难试着接近了三次才将 3 名渔民救起。引航员不顾个人安危，在狂风恶浪中救人的事迹在当时传为佳话。

2015 年 10 月，我国南部沿海水域一艘名为“马士基勒布”的大型集装箱船因主机系统故障丧失了动力。该轮船长 299. 9 米，宽 45. 2 米，吃水 12. 0 米，排水量 102 776 吨，船上载有 5301 个集装箱，由于没有动力，无法实现自身操纵，已在海上漂泊多日，而当年第 24 号台风“巨爵”正以每小时 20

公里左右的速度靠近。在此紧急情况下，“南海救116”轮先赶在台风影响到来前把“马士基勒布”轮安全拖至桂山锚地。之后广州港引航站临危受命，顶住压力，发扬团队协作精神，为此项作业制订了详细、周密、严谨的引航和应急方案，在克服了拖航里程长（近40海里），航道弯曲狭窄（仅243米宽），水文复杂，船舶惯性大（排水量已超过航道标准）等诸多困难，成功将该轮拖带至南沙港区集装箱码头，得到了马士基公司和港航部门的高度赞誉。

在本书的第五章还记录了一个由亲历者讲述的拖带“瓦良格”号（现我国第一艘航空母舰“辽宁”舰）通过土耳其博斯普鲁斯海峡回国的事例。

第三章　船舶引航员的职责

在介绍了引航员的历史和引航员的价值之后，本章将带读者来了解引航员职业的日常工作。

引航员是指持有有效引航员适任证书，在某一引航机构从事引航工作的人员，旧称引水、引水员、领港等。引航员按引航水域可分为海港引航员、内河引航员两种。《中华人民共和国职业分类大典》（2015 年版）中指出，“引航员”的正式名称为“船舶引航员”，被归在“专业技术人员”大类、“飞机和船舶技术人员”中类、“船舶指挥和引航人员”小类之下，编号为2-04-02-03。

读者可能会有疑问，为何飞行员会和引航员归并为一个中类呢？其实，这两个职业是有很深的渊源的。首先，飞机只有一百多年的历史，飞机中的许多称谓来自船舶，如称呼飞机上的最高领导为“captain”（在船上翻译为船长，在飞机上翻译为机长），飞机上的舱室为“cabin”（在船上翻译为船舱，在飞机上翻译为飞机机舱），机场为“airport”（港口为“port”），引航员、飞行员、宇航员都称为“pilot”。等；在汉语里，“航空”的“航”字借用了“舟”字，“宇航”的“航”字也使用了这个“舟”字。其次，飞机和船舶都是大型交通工具的一种，都有着很高的操作难度，虽然航空技术的诞生要比航海技术晚很多，但飞机型号相对少、体积相对小、操控技术和工具也更智能化，飞机飞行环境空旷稳定，目前先进的大型客机已经可以实现无人驾驶，主要是因为飞机只受到气流的影响，而船舶在航行过程中会受到水流、气流等多方面可见的或不可见因素的影响，对此，船舶操纵者要时刻做出预判和保持警惕。最后，引航员的职责之一是船舶的靠离泊，这可类比飞行员对飞机执行起降操作。飞机的起降是飞机驾驶最难的部分，也是最容易发生意外的阶段，而船舶的靠离泊也一样。飞机起降面对的是独享的跑道，而引航员所面临的则是港口交通中大大小小的船舶。可见，引航员和飞行员有着相似的职业功能、职业技巧等。

目前“船舶指挥和引航人员”小类中包含了 3 个职业，分别是“甲板部技术人员 2-04-02-01”“轮机部技术人员 2-04-02-02”和“船舶引航员 2-04-02-03”，前两者尽管也参与船舶在熟悉水域的航行和靠离泊，但更多的是负责船舶在港口外水域航行，而引航员则专门负责船舶在港内的航行和靠离泊。

根据《中华人民共和国职业分类大典》(2015 年版)，引航员的职业定义是:“引领船舶进出港口及在特殊水域航行，进行船舶引航管理，并提供引航技术和咨询服务的技术人员。”

引航员的主要工作任务包括：

①引领船舶进出口及在江河、水道、海峡等特殊水域航行和靠、离泊位；

②维修、保养船舶引航系统设施，分析处理故障；

③进行船舶引航管理，组织引航业务培训与应变演习；

④提供港口、航道建设和水域公共安全咨询服务；

⑤参与船舶、港口应急抢险、救助；

⑥记录、保管引航日志和业务文件，撰写引航事故、险情报告，参与或协助海事调查。

专注瞭望中的引航员

根据引航员的职业定义，其工作任务中第 1、4 条是核心职责，其余第 2、3、5、6 条均是核心引航工作任务的辅助性、临时性、管理性的工作。第 1 条是引航员的日常工作的重点；第 4 条是引航员在港航建设阶段服务港航的重要体现。这两条核心工作任务体现出了引航员在船舶引航技术方面的核心价值。以下先从一名引航员一天的日常工作安排谈起，再逐步讲述引航员是如何依靠自身娴熟的船舶引航技术完成职业工作任务的。

第一节　日常工作流程

对于港航业务，效率决定着效益。在保证安全的前提下，提高船舶航行和靠离泊效率是引航员的目标之一。因此，引航员引领船舶航行和靠离泊的时间是很紧张的，这也使得他们每天都要做好充足的准备，随时准备接受引航任务。

一般在引航机构接到船舶靠离泊的引航申请后，引航机构会调配适任的引航员执行该引航任务，接到任务的引航员要携带整套引航工作装备，从引航机构所在地奔赴至港口码头。正常情况下，如果是船舶进口靠泊的引航申请，则引航机构安排的引航员要乘坐引航交通艇或拖船前往港外迎候进港船

工作中的引航员

舶，在到达船舶驾驶台后，引航员要与船长进行充分的引航信息交流，之后引航员引领船舶进港直至停稳靠岸，至此引航任务基本完成。同样，如果是船舶离泊开航的引航任务，引航员也要与船长进行充分的信息交流，之后引航员引领船舶离泊并出港，船舶抵达引航员登离船水域，待周围船舶不影响该船续航后，船长操纵船舶开航，引航员乘引航交通艇或拖船离船。

总体来说引航员的日常工作流程较为清晰，并不烦琐，但每一次都需要细心引领才能完成，引航员的每一次任务通常都会面临以下四个较大的挑战。

首先，一般商船都有明确的船期，无论是货物还是游客都不能被延误，加之港口车水马龙，每艘船舶都要遵守港口的统一安排，按时进出港，这对于引航员来讲则意味着 24 小时都要待命。每位引航员都要时刻准备好引航装备，准备接受任务。如果在傍晚或夜里接到任务，则仍要有充分的心理准备和身体准备，因为这次任务将是相对难度更大的夜航。

40 万吨“明航”轮夜航满载靠泊

其次，引航员在登船过程中面临第二个大的挑战就是“爬梯子”。被引船舶的船体可能非常巨大，引航员要经由被引船舶上安装的引航梯登离船，这是引航员在工作中人身安全受到的最大威胁。

规范要求引航梯不能超过九米，但有时会有十几米甚至二十几米高的引航梯，向上攀爬引航梯是对体力的巨大挑战，而且引航员还可能遇到不符合要求的引航梯；除此之外，引航员攀爬引航梯还将暴露在自然环境中，如遇到黑夜、狂风暴雨、大浪等不利的天气情况，会更加危险。如何保证引航员在“爬梯子”这一过程中的人身安全，仍是当前引航员及相关部门需要关切的重要问题。

引航员通过引航梯离开新造的大型船舶

再次，通常，引航员是船长请来协助船舶航行和靠离泊的客人，引航员在登船后会受到船员们贵宾一般的礼遇。回想大航海时代，引航员是在海上漂泊的船舶的希望明灯，看到引航员，就看到了靠岸的希望。现在也一样，引航员依旧如明灯一样为船员甚至整艘船带来安全感。引航员第三个大的挑战就是在引航员到达驾驶台后与船长的交流。船长是一艘船的首脑，对船舶有绝对的控制权，而引航员的任务则是引领船舶航行和靠离泊，所以引航员要与船长进行良好的信息交流，让船长放心地将船舶的引航权交到引航员手上。引航员与船长的信息交流并非寒暄那么简单，信息交流充分与否事关船舶引航安全。要想从船长手中获得船舶的引航权，就要获得船长的绝对信任。这种信任是建立在引航员具备流利的英语口语交流能力，良好的职

引航员通过引航梯登离船

业形象，娴熟的船舶引航技术，对船舶操纵设备的精通等多个方面的。实际上引航员和船长之间的关系及信息交流是引航员工作中的一个关键性问题，有很多引航机构和个人已经注意到这一问题的重要性，并就这一问题开展了一系列研究，本书在之后的章节会做专门的论述。

工作中的引航员

最后，引航员在获得船舶的引航权后，将迎来引航员职业最核心的工作任务，就是引领船舶航行和靠离泊操纵。在这一过程中引航员将运用自身的知识、经验和技术，结合船舶上相关仪器设备，同船舶驾驶台团队紧密合作，在几十分钟甚至几个小时的高负荷工作中，安全且高效地完成引航任务。

以上就是引航员在工作中的四大挑战，它们考验着引航员的日常生活习惯、身体素质、人际沟通能力和专业知识与技术水平。可见引航员的日常工作流程虽然简单清晰，但每个任务却都是对引航员全方位的考验。

第二节　船舶的航行与靠离泊

本节介绍引航员引领船舶航行和靠离泊方面的知识。我们之前从引航员职业价值的角度讲述了引航员在船舶引航技术方面的培养、应用和创新，此节我们将介绍引航员在日常的船舶航行和靠离泊工作中具体操作的几个方面。此处我们会尽量减少具体技术细节的描述，力求简单明了，以期各类型的读者都能够了解引航员这一职业。

引航员登船，与船长进行充分的信息交流，并从船长手中接过引航权后，即成为驾驶台团队一部分，接下来引航员将向船员发出船舶引航口令，将船舶安全地引进引出港口或者在港内移泊等。引航员作为驾驶台团队临时成员的时间短暂，从几十分钟至几个小时不等。在这短暂的时间内引航员需要做大量的工作，不但要引领船舶，还要观察、分析及联系其他有关船舶，保证航行安全。同时，还要与 VTS（vessel traffic service，船舶交通管理）中心及港口生产部门联系，以保证船舶安全准时地靠离泊。引航工作时间短，工作量大，但具有良好素质的引航员应具有较强的能力适应工作，决不允许忙中出错，这正是引航员这一职业在进行船舶引航这项职业活动时的独特工作方式：充分利用身边资源（包括船舶设备、驾驶台各种仪器、信息及人力资源等）来保障引航安全，提高工作效率。

工作中的引航员

一、与船长和船员的交流

引航员登船抵达驾驶台后首先要与船长进行与本次引航相关的信息交流。船长会向引航员出示引航卡（pilot card），介绍本船的船长、船宽、吃水、水面以上高度、助航设备工作情况及误差、操纵性特点和车舵锚缆等情况，以及使用限制和缺陷（如果存在）等。引航员还可向船方进一步了解船舶的各项性能指标，向船长介绍本次引航的要点和引航计划，哪一舷靠泊及靠泊时间，使用几艘拖船及预计带拖船时间，并告诉船长将提前多长时间通知他们进行靠泊准备等，让船长填写引航机构印制的“船长与引航员信息交流卡”，同时还要听取船长对引航计划的意见及建议，适当调整引航方案。当船长得知这些信息后，将会对本次引航有了充分的了解。船长有可能是第一次来该港或第一次来该泊位，不知道所靠泊位在哪里，海图上有可能计划航线都没有。

当船长得知引航员做了充分的准备，又能提早通知他们准备时，他们往往会比较满意，向会尽心尽力配合引航员。

引航员与船长交流

引航员与船长的信息交流非常重要，对航行及靠离泊安全起着至关重要的作用。双方除了进行充分的信息交流外，还应该注意营造宽松和谐的工作氛围。引航员不能对船方颐指气使，应该明白自己要为船方提供专业技术服务，受船长委托临时引领船舶，并受船长监督。船长管理船舶和驾驶船舶的责任，不会因引航员引领船舶而解除。所以双方应互相尊重，默契配合，共同为引航安全负责。

引航员与船员合影

除了与船长的信息交流外，与驾驶台其他成员的信息交流也很重要。船舶在引航过程中，驾驶台通常有船长、驾驶员和一名操舵水手在场，有时候还有其他水手或驾驶员辅助瞭望。船长是驾驶和管理船舶的总指挥，驾驶员和负责操舵的水手执行引航员的口令，船长、驾驶员还要协助瞭望，水手也要辅助瞭望。

引航员每天都要面对不同的船舶。据统计，我国引航员已经引领过的船舶中既有民用船舶，也有军用舰艇，民用船舶中有邮船、客货船、科学考察船、杂货船、散货船、集装箱船、滚装船、半潜船、载驳船、油船、液体化学品船、液化气体船、冷藏船、疏浚船、敷缆船等，军用舰艇中有航空母舰、巡洋舰，驱逐舰、护卫舰等；有一二十米长的游艇、帆船，也有约四百米的超大型集装箱船舶；有仅有几名船员的帆船，也有可搭载乘客及船员七八千人的豪华邮船；有只能装几百吨货物的小型船舶，也有满载四十万吨的巨大型矿石船和四十五万吨的巨大型油船。世界最大的矿石船、油船、集装箱船、液化天然气船、豪华邮轮等都到过我国港口。引航员还可能遇到引领拖带长度达七八百米的大型船队和宽度达近百米的大型石油钻井平台等。这决定了引航工作的复杂性。

引领大型集装箱船舶抵靠码头

2017 年 4 月 5 日，当时全球最大集装箱船“商船三井成就”首靠大连港

船舶上的船员来自世界各地，英语发音各有其地方特色，生活方式及工作习惯各有差异，驾驶台上的助航仪器种类、型号也较多，引航员纵使见多识广，也不会比本船船员更了解船上的情况，所以引航员在船期间，特别是在航经复杂水域及靠离泊时，可以要求船长、驾驶员及其他船员提供帮助，以提高引航的安全性。例如，请驾驶员帮忙定位，在融合有 AIS 信息的电子海图上帮忙确认船名，将雷达调整至最佳状态，在转向点提醒及控制速度等；还可以请驾驶员、水手协助瞭望，便于及早发现可能产生碰撞危险的船舶。这样引航员就能够将很多操作层面的工作交由船员负责，而将其自身注意力集中在船舶周边环境变化和船舶的引航上。

二、驾驶台设备的利用

随着科技的发展，船舶上配备的用来提高航行安全的设备越来越多，如 GPS、AIS、ECDIS（electronic chart display and information system，电子海图显示与信息系统）、VHF 无线电对讲机、测深仪、风速仪等，有的船舶甚至配备有靠泊仪。引航员在引领船舶过程中要仔细研究每种助航仪器的使用及操作方法，不明白时可以向驾驶员询问或者请驾驶员协助。另外，还要注意各种数据的计量单位，比如风速仪显示风速的单位是节还是米/秒，要充分利用这些助航仪器，以提高引领效率和安全系数。

引航员引领船舶离泊

三、拖船与码头

拖船与码头看似与驾驶台资源没有太大关系，但是在船舶大型化的实际引航工作中拖船及码头的配合也会给引航安全带来很大的影响，所以做好与拖船及码头的沟通同样十分重要。通常引航员在靠离泊之前应利用 VHF 无线电对讲机告知拖船靠离泊方案和带拖缆的位置，以充分发挥拖船的作用。另外，在靠离泊之前引航员也应与码头工人保持联系。靠泊前，要求码头方面提早做好准备，如把岸上的吊机提早移到合适的位置，疏解泊位上的船舶，提早放好指泊旗/灯等工作；靠泊中，告知船首和船尾带缆顺序；离泊前，也同样要要求码头方面把岸上的吊机移到合适的位置；离泊中，告知船首和船尾解缆顺序，并要求码头工人报告船首/尾离码头的距离及运动趋势，便于引航员采取适当的措施，确保靠离泊的安全。

拖船协助大型集装箱船掉头

四、与 VTS 中心的信息交换

VTS（vessel traffic service）中心是由主管机关实施的用于增进交通安全，提高交通效率，以及保护环境的服务，即我们所说的交管中心。依托丰富的信息资源获取途径，他们掌握着有关海上交通的大量信息，为船舶提供了安全航行方面的建议、咨询和相关水域的交通流情况，使船舶驾引人员能提前得到预警，便于及早采取措施。另外 VTS 中心还能为船舶提供相关水域的天气及海况信息，为需要救助的船舶提供救援方面的指导及协调指挥。虽然VTS中心实际上并不是驾驶台的成员，但是他们与日常引航工作密不可分，引航员可以通过VHF方便地联系到他们，咨询航行信息，寻求必要的帮助。

由于引航员在船工作期间有单兵作战的特点，寻求必要的帮助及配合是安全引航的最好途径，所以引航员要充分利用好身边资源，做好与船长及船员的信息交流，及时协调好与引航工作密切相关的外部环境，高效安全地完成引航任务。

第三节　港航与水域公共安全咨询服务

引航员精湛的船舶引航技艺不仅能够引领船舶进出港口，直接服务于港航企业，还能够在许多方面发挥作用，有些也已经客观地成了引航员的职责，其中最重要的就是提供港口、航道建设和水域公共安全咨询服务。

一、港口、航道建设咨询服务

一名合格的引航员，会对自身从业的港口、航道情况非常熟悉，加之多年积累的引航经验，会对港口、航道的通航环境与引航的关系有深刻的理解。船舶在什么样的航道应当如何航行是引航员的拿手好戏，反之，如何建设适合船舶航行的航道和停泊的码头，也是引航员能够帮助解决的问题。

在港航建设的设计阶段，工程设计方会根据预想的建设码头等级，进行码头和航道设计。引航员依据水文、气象和积累的引航经验，会在码头方向、航道走向、航道宽度和深度、航标布设等方面提出建议和意见。

在港航建设竣工后，港口会逐渐繁忙起来，在设计阶段意想不到的情况也会时常出现。如何让数量众多、不同吨位、功能各异的船舶顺畅地进出港，甚至最大限度地提升通航效率，一方面要靠引航员，另一方面也要靠港航建设的不断完善。在这一过程中，引航员仍能够根据港口的基础设施、通航船舶、地理、水文、气候等多方面的知识经验提出最有利的航行安全建议，从而不断地提高港口通航水平。

上海港引航站高级引航员李能荣荣获“洋山功臣”称号

舟山引航站在1997年至2009年，几乎参与了舟山港域朱家尖跨海大桥、金塘大桥、西堠门大桥等所有重大跨海大桥的海上通航安全论证；2012年，舟山引航站在舟山市重点岸线规划项目中提出了开发双子山岸线的建议；2014年，舟山引航站参与舟山LNG（liquefied natural gas，液化天然气）项目选址；2016年，舟山引航站参与宁波舟山港北向大通道工程建设。舟山引航站的引航员们在以上港口航道工程建设中提出了许多建设性意见，这些意见都获得了各方专家的认可，并为工程节约了超过10亿元的建设成本。

大连港40万吨矿石码头工程始建时为20万吨级，随着船舶大型化进程加快和市场需求扩大，不断对该工程进行升级改造，最终确定为40万吨能力。在这期间，引航站对航道（包括航标）、回旋水域及港池宽度等总平面布置提出了有利于船舶安全操纵的建议，从而使码头升级改造顺利，步伐加快。针对大连LNG接收站航道工程，引航站发现按设计的要求，须调整矿石码头掉头区的K3#灯浮标，这将对矿石码头大型船舶的靠离泊造成影响。于是，提出了利用原油码头和矿石码头两航道之间的水域作为LNG码头的天然航道。建议被采纳，并受到了有关部门和码头业主的称赞。

黄骅港利用现有的航道，在适当浚深航道水深的情况下，实现了开普型船舶满载进口，提高了船舶运营效率，减少了船公司的港口使费。

二、水域公共安全咨询服务

水域公共安全是保障水上通行顺畅的基础，没有安全，则效率无从谈起。

在水域公共安全的保障方面，引航员一直与水上各方一同努力着，特别是海事部门。海事部门是水上安全的主管部门，在港口运行过程中，引航员在保障所引船舶安全的情况下，能成为海事监管“链网”中的重要一环；海事部门对水上船只的监管，也保障了港航的秩序，使引航工作更为顺畅。这种协作让引航员直接发挥了保障水域公共安全的作用，同时还能让引航员积累经验，在水域公共安全咨询方面发挥作用。

通过分析引航事故我们了解到，很大一部分事故是由于小型船舶不遵守航行规定、不按规定随意穿越航道且不主动避让大型船舶，或者小型船舶不按规定航道行驶且没有收听 VHF 无线电话或无法用 VHF 无线电话联系而造成的，所以当前海事部门一直加强对通航环境的监管，保证水域通航秩序，在安全的基础上提高效率。另外，引航员是一个在固定水域从事引航工作的群体，可以充当海事部门与船方的一个重要桥梁，保障水域公共安全。在这一过程中，主要发挥了引航员三方面的作用。

一是对船舶航行安全可以提供足够保障。引航员长期在固定水域引航作业，熟悉该水域的水文气象、助航设施和水上主管机关等相关情况，能与沿海航行小型船舶保持交流畅通，并熟知此类小型船舶的航行习惯，对于保障被引航船舶和沿海小型船舶安全，提前预判避让态势有着良好的辅助作用。

二是协助收集区域安全信息。《船舶引航管理规定》第三十二条规定：“引航员发现海损事故、污染事故或违章行为时，应当及时向海事管理机构报告。”这是说，引航员在引航过程中发现其他船舶或者被引航船舶存在威胁海上安全的险情时，应及时向海事部门报告。海事部门在接到报告后，可在与引航员进行相关信息核对的基础上，及时处置相关险情，保障其他船舶安全。

三是起模范作用。在通航环境复杂的水域里，大批量船舶同向航行时，第一艘船舶的航行轨迹对其他船舶易形成模仿效果。如果引航员能严格按照正规航路规范行驶，并引导其他船舶特别是中小型船舶规范航行，必将促进辖区通航环境的改善，提高通航效率的同时将大大降低事故发生率，进而保障辖区水域安全。

正是由于以上三方面的作用，引航员才能够在需要时提供水域公共安全的咨询服务。

除了以上港口、航道建设和水域公共安全咨询服务，引航员还可以在很多方面发挥自身的职业价值。例如，天津港、宁波舟山港的引航员发挥自身船舶引航技术节能减排，在船舶加速和减速、拖船使用、靠离泊操纵等多个方面修正技术细节，在保证安全的基础上降低能耗、减少碳排放和环境污染。这些都能够对船舶航行技术的改进产生深远影响。

第四节　应急抢险

引航员的应急抢险职责，主要是指引航员在自身驾驶的船舶发生紧急险情时的应急抢险职责。除此之外，在引航员所在港口内及附近水域发生紧急情况时，引航员也是重要的抢险力量。引航员每年在应急抢险中为港航企业挽回的经济损失能达到数亿元。

一、引航员所引领船舶的应急抢险

引航员所引领船舶遇到的紧急情况最常见的是船舶操纵系统部分失灵导致船舶失控，或是船舶由于受意外的外力（如与他船碰撞等）造成失控或导致污染物泄漏。在本书第二章介绍引航员价值时，我们介绍了几个事故发生后，引航员运用自身技术优势在船舶引航过程中避免事故，防止港航环境被污染，甚至燃烧、爆炸、危险品泄漏等重大事故的案例。在这些案例中引航员所进行的职业活动与引领船舶航行或靠离泊并没有本质上的区别，只不过风险和难度更大。在一般船舶靠离泊的过程中，引航员根据当地的水文气象、掌握的引航技术和积累的经验操纵船舶；引航员在船舶航行过程中，关注并认真分析周围环境，然后根据周围环境发布决策口令，确保航行安全。但如果发生意外，引航员作为船舶操纵的负责人之一，在承受正常引航带来的已经很高的认知负荷的情况下，还要针对一艘不太熟悉甚至可能是陌生的船舶进行应急操作，可以想象其间的难度有多大。在这期间，引航员要综合分析环境，在极端的情况下做出应急方案，联系港口各个方面，并开始船舶应急操作。用抛锚来赢得时间在一般情况下是个不错的选择，但并不是所有应急情况都适合抛锚，而且在变幻莫测的天气、水文环境下，抛锚未必能够奏效。

从事故预防的角度看，如果想要在事故发生前消除隐患，引航员就要做更多的预判，比如船舶周围的小型船舶会如何行驶，是否会突然插入航道，船舶是否要对其进行避让等都是引航员在引航过程中要不断思考的问题。

引领事故船舶安全停靠码头

在此处需要提及一下引航员在引领船舶航行及靠离泊时的安全风险点。根据交通运输部水运科学研究院于巧婵等专家2013年的研究成果，船舶引航安全不仅仅涉及引航员与被引船舶，它应是“人—机器（设备）—环境”等多方面因素的有机整体。根据安全学理论对于“安全”的定义，并结合实地调研及与引航员沟通的结果，“引航安全”是指在引领船舶航行、靠离泊、移泊等的生产活动中不发生相关险情和事故。从上述表述中也可以看出，引航安全的管理涉及方方面面，既包括引领船舶航行、靠离泊、移泊等过程，也包括与之相关的支持保障体系的管理。将引航安全进行系统划分，可分为内部系统和外部系统两部分。

内部系统，是指引航员自身的系统，主要包括引航员自身的技术、经验、能力、心理、生理等因素，还包括从事船舶引航工作人员的调度、安全管理等工作的部门和人员。

外部系统，是指引航员以外的其他因素的总称，主要包括被引船舶及其船员、环境、拖船等因素。其中环境部分主要包括自然条件、锚地、航道、码头、交通、他船等。

综合来讲，船舶引航安全系统主要包括人、船舶、环境、管理四大部分。船舶引航的安全系统是各相关因素综合作用的结果。因此，引航员要保证安全一是要发挥自身的船舶引航技术，二是要在整个“引航安全系统”中扮演好自身的角色，借助并利用周围的力量做好引航本职工作。

二、引航员参与的应急抢险

船舶在海上发生险情时，救助时间最为珍贵，如何在最短时间内进行最有效的救助也最为关键。如果遇险船舶上有引航员，引航员可充分运用当时当地各种资源进行应急处置；如果没有，则需要尽快与该水域相关部门沟通，将现场情况及时回传相关部门，接受岸基技术支持。引航员的工作经历丰富，长期在固定水域作业，不管是被引航船舶遇险还是周围水域其他船舶遇险，基本上都可以妥善、及时处置，防止事态扩大，并及时救助遇险船舶和人员，防止海洋污染，成为社会救助力量的重要组成部分，对提高港区及附近水域的事故搜救成功率有着重要作用。很多时候，在船舶发生紧急情况时，即使船上没有引航员，也会有引航员远程协助船舶操纵，甚至直接登船进行援助，前文所述的“海洋石油 113”及“番禺渔 11”的救援行动都属于这一情况，这种大无畏的精神非常感人，也是船舶引航员职业精神的体现。

另外，在海上发生事故后，事故调查是重要一环，只有对事故发生原因进行详细调查和分析，并采取可行性的改进，才可能避免类似事故的发生。

《船舶引航管理规定》第三十四条规定：“在引航过程中被引船舶发生水上安全交通事故，引航员应当采取下列措施：（一）采取有效措施减少事故损失；（二）尽快向引航机构和海事管理机构报告；（三）接受、配合或者协助调查水上交通事故。”

以上规定不仅适用于引航员所在船舶发生交通事故的情况，如果引航员发现其附近水域的其他船舶发生事故，也应采取以上措施。对于引航员发现其附近水域其他船舶发生事故的情况，更多的是通过引航员对其他船舶发生的险情进行举证，对当事船舶所述的真实性予以论证，来协助了解整个事故的具体情况，以便于有关部门调查、验证材料的真实性，这也相当于一种辅助性的调查。

第四章　船舶引航员的才能

第三章简单地介绍了船舶引航员的工作职责。一名引航员要能够完成好这些职责，自身需要具备哪些才能呢？谈到一个职业的才能，我们首先会想到这个职业能够做成哪些“大事”，其实才能如高楼大厦，需要有牢固的基础，而职业才能的基础就是我们常听说的能力、知识、技能。

职业研究中谈及的能力和我们日常语境中的能力是有差别的，职业研究中的能力指影响个体在任务执行，获得与工作相关的知识、技能时信息加工的效率、质量，包括认知能力、心理运动能力、身体运动能力、感觉能力 4 个方面，它是习得知识和技能的基础。职业研究中论及的知识和技能，是通过教育、经验而习得、发展的与工作相关的个体特征。知识即在某特定领域中习得的原则及事实，包括商务管理知识、生产制造知识、工程技术知识、数学和科学知识、健康护理知识、艺术和人文知识、法律和公共安全知识、通信知识 8 个方面。技能则是通过经历体验而习得的典型操作流程，包括社会技能、复杂问题解决技能、工程技术技能、系统技能、资源管理技能 5 个方面。总体来说，能力是知识和技能两者的基础，知识和技能是能力之上同一个层面才能的不同方面。从业者通过自身的能力、知识和技能开展职业活动，在职业活动中又会接触到各类工具、技术、环境等，进而形成了丰富的职业活动相关内容。

我国 1999 年出版、2015 年修订的《中华人民共和国职业分类大典》中，有关职业的信息主要是职业的名称、定义及工作内容，但并没有涉及完成工作所需的才能的描述。鉴于此，本书引入美国职业信息网作为参考。

美国职业信息网是美国职业信息网国家发展中心经北卡罗来纳州商务部

批准，受美国劳工部就业培训局赞助开发运营的公益性门户网站。该网站现已作为全球最大、最权威的职业信息查询系统，在其上可以查询近千个职业的能力、知识、技能、教育培训和经历等方面的需求、工作活动、工作环境、薪酬招聘等信息。

美国职业信息网背后有美国 O＊NET 职业数据库作为数据支持。美国 O＊NET 职业数据库的框架设计广泛借鉴了美国 60 多年来的职业研究成果，包含了完善的描述词体系及级别描述方法，其内容具有较高的参考价值。但美国职业信息网是站在整个经济社会的角度上的，注重社会上各职业间的可比性，所以对职业能力、知识、技能等所使用的描述方法对所有职业都是通用的，这确实有利于职业间的可比性，但也在一定程度上忽略了职业的特异性，无法体现职业独有的特征。

在参考美国职业信息网信息的时候还要注意，美国职业信息网的信息是基于美国的社会和职业情况的，虽然同中国的信息存在一定差别，但核心工作任务基本相同，这意味着中美引航员所具备的能力、知识、技能可能是类似的，这为我们带来了国际比较的可能；同时，也要注意由于中美两国的引航业业态及引航员培养模式不同，所以两国引航员在才能方面也会存在差别。这种中美两国的比较我们会在以下具体分节中进一步讨论。

第一节　眼观六路　耳听八方

通过本书前面章节我们知道部分港口引航员单次引航任务时间长，要求注意力持续集中，并时刻关注周围的潜在风险，这对从业者的能力是重大的考验。下面是对引航员来说最为重要的 5 项能力及其他一些重要性相对较小的能力。

一、远物视力

远物视力指辨认远处事物细节的能力。远物视力是引航员最为重要的职业能力，在远物视力对所有职业的重要性排序中，引航员排在第 1 位。可见

远物视力是引航员的核心能力，对引航员的该项能力的要求是其他所有职业都不及的。

引航员在实际工作中，身处驾驶台，视觉的注意力主要分配在其引领船舶外的航道环境上，需要时刻观察周围地理情况及周围船舶的位置、航向、航速，并基于这些情况和引航员对当地港航环境的了解及日常积累的经验对这些船舶的动向进行预判，提早采取措施进而最大限度地保障船舶的安全并制订合理的操纵计划。而要做好对周围环境，特别是船舶的观察，就要求船舶引航员具备优秀的远物视力。

对引航员远物视力方面的要求在所有职业中排名第一，排在其后的职业是机车工程师（工作任务之一是负责火车的行驶）、飞行员及空中交管人员。以上职业均是交通运输领域的职业。通过将引航员与这些职业比较，我们发现，飞机的航行空间要比船舶大，不精确地说，飞机在航行时的空间要比船舶多一个维度，所以飞机的避让压力要远小于船舶；对驾驶动力机车的机车工程师而言，远物视力也非常重要，他们要对轨道前方的情况进行观察，但

突遇能见度不良的船舶引航

机车的行进路线是固定的，铁轨周围都具备较好的安全措施，并有工务人员定期维护，道口有人看护或以立交桥的形式将行人和车辆与火车行进的线路分开，而且机车面对紧急情况的应急措施以减速或停车避让为主，相对简单。综上，船舶引航员由于受交通环境复杂、操纵难度大、天气水文情况不稳定等因素的限制，要有充分的预判依据，而通过视觉获得的周围环境信息是最为重要的。可见，对引航员在远物视力上的高要求是职业特点所决定的，是必要的。

虽然引航员有众多的助航设备，如雷达、AIS、VHF 等，可以协助引航员观察周围环境，但这是不充分的。雷达能够在气象条件恶劣（如雾、暴风雨、霾、雪、沙暴）或任何其他类似原因而使能见度受到限制的情况下或在夜晚观察且不点灯物标时起到辅助作用，但雷达自身并不能够完全反映周围船舶的情况；AIS 发现不了没有安装 AIS 设备的船舶；用 VHF 沟通时，可能存在语言障碍等。故在条件允许的情况下，对周围船舶进行实景的观察是最为保险的，实景观察对知晓船舶的外形、运动方向、正在进行的作业等更有帮助，进而有利于对船舶的动向进行判断。

二、深度知觉

深度知觉指能够判断哪些物体离自己较近，哪些物体离自己较远，或者判断物体与自身之间距离的能力。深度知觉是引航员第 2 重要的职业能力，在深度知觉对所有职业的重要性排序中，引航员排在第 4 位。

深度知觉是远物视力的绝佳拍档，深度知觉与远物视力相配合可以帮助引航员对周围环境，特别是航标、船舶的位置进行综合判断，进而得到更为精确的结果。我们在日常环境中对物体深度的判断一般限于很小的尺度，约 1 米以内，如吃饭时判断装菜的盘子的远近，基于这类判断和大脑的简单加工，能够让我们准确地用筷子或手取到我们想要的东西，这种能力几乎是所有健康人都具备的。再大一些的尺度，如在车辆驾驶时，我们要能够判断前方或后方车辆与我们的距离，尺度大约在几米到几十米之间，这个尺度范围并非每个人都能够准确地判断。在高速公路等存在相对较大安全隐患的路段，会有交通标志标线辅助我们进行距离的判断。

再回到引航员的工作环境，引航员所引领的船舶有时本身就达几百米，

他们要依赖自身在深度知觉方面的能力对几百米，甚至几海里范围内的物体进行距离判断。这一能力对观察航标位置，确认自身引领船舶在航道正确的位置，并按照正确的方向和速度航行非常重要。

另外，在一些船舶通航量大的水域，判断引领船舶周围环境，特别是对船体较小，速度相对较快的船舶，深度知觉能够帮助引航员对其位置及速度进行准确的判断，然后结合自身工作经验，提前预判，以防止意外发生。

三、口语理解

口语理解指倾听并理解口语中所含信息、观点的能力。口语理解是引航员第3重要的职业能力。引航员的口语理解能力要求在所有职业当中并不算突出，但这不妨碍其成为引航员的重要职业能力。引航员在工作过程中要接受来自各方面的“信息轰炸”，除了前文提及的视觉方面的负荷，听觉方面也有着不轻的任务。

引航员听觉接收的主要信息来自于VTS中心、港口调度方与港口内船舶之间的交流信息、港口内船舶之间的交流信息、他船鸣放的汽笛，其次是船舶驾驶台内引航员与船长、船员之间的交流信息，还包括驾驶台设备的报警、机舱发出的声音等。其中，通过通信设备获取的VTS中心的信息、港口调度方与港口内船舶之间的交流信息、港口内船舶之间的交流信息是最多和最复杂的，读者可能想问，这种能力更像是信息获取能力，为何对引航员的要求

工作中的引航员

是口语理解呢？这就要看这些信息的内容了。引航员从通信设备中听到的信息是来自各方的语音，这些语音包括了各种语言、各种口音，其中有些是发给周围船舶的，有些是发给港口调度方或 VTS 中心的，引航员要在之前讲述的视觉方面的压力下，再从这些杂乱无章的信息中提取有价值的信息并快速理解，这就是为何对引航员的口语理解有着高要求的原因。

另外，引航员与船长和船员之间的信息交流也很重要，这就要求引航员要明确地理解船长和船员的口语，以接受来自船长和船员的建议，更好地完成引航任务。

四、口语表达

紧接着口语理解的，是口语表达。口语表达指通过交谈而传递信息、观点，使他人理解的能力。口语表达是引航员第 4 重要的职业能力。口语理解的重要性，主要是源自引航员过滤和处理大量语音信息的需求；口语表达主要是为满足引航员与船长、船员交流的需要。

沟通中的引航员

引航员与船员的交流主要是相互了解引航计划、驾驶台设备的使用情况、船舶操纵性能和对引航员提出的要求等；对船员下达船舶引航口令，这些口令非常简洁，通常只发布船向令和车钟令即可，具体的操作由船舶驾驶员和水手来完成。但这些口令关系着引航员所引领船舶、周围船舶及港口水域的安全，可以说这些口令如军令一般严肃有力，引航员要清晰、明确、坚定地表达出来。

口语表达的另一项重要应用就是在引航员与船长之间的信息交流上。前文曾简单提及，引航员和船长之间的信息交流至关重要。船长是一船之主，一切船务都由船长掌控；引航员凭借自身在船舶引航方面的精湛技艺和对当地港口的熟悉程度，在船舶进出港和靠离泊的过程中引领船舶。鉴于以上船长和引航员的身份，引航员和船长可能会在船舶航行、进出港和靠离泊的过程中会在船舶操纵等相关问题上产生分歧，如何处理好这些分歧是每个引航员和船长都需要关心的。除了尽量在权责上分工明确之外，双方充分主动的交流也能够为问题顺利解决提供很大的帮助。在出现分歧的时候，引航员的口语表达能力尤为重要，这种能力能够帮助引航员清晰准确地表达自己的见解、意见，实现与船长无障碍地交流，从而促使引航员与船长双方能充分表达自己的意见并理解对方的意见，进而形成可行的船舶引航方案。

五、问题敏感性

问题敏感性指对故障或可能出现的错误的侦察和识别能力。问题敏感性是引航员第 5 重要的职业能力。前面 4 项能力简单地说就是看、听、说，而引航员在执行引航任务过程中，只运用前面这 4 项能力是不足以做出决策的，因为良好操作的前提是安全。问题敏感性这项职业能力一方面能够帮助引航员在船舶引航出现问题的第一时间寻找问题的表象和根源，另一方面能够帮助引航员在船舶正常引航的过程中，在看、听的同时对可能会出现的问题进行监测。

处理问题最好的办法就是避免问题的发生，而避免问题发生并不容易。船舶具有体积大、质量大、速度相对慢等特点，在操纵过程中它虽看似有比汽车、火车、飞机长得多的反应时间，但由于其动量大、受风流影响明显、加减速慢、调整航向相对费时，所以在对船位进行一定的调整时需要较长的调整时间和较大的调整空间。这种情况下预判就显得十分重要，引航员要根据自己接收到的信息对潜在的威胁进行预判，即使潜在威胁最终变成实际事故，也要在第一时间下达应急操作的指令。可以说，在接到任务的一刻起，引航员就已经开始思考天气、水文、船舶航行规律、港口等情况对引航工作的影响了，正是对潜在安全问题的敏感，才保证了引航这一高风险职业的安全。

引航员引领45万吨级油轮泰欧靠泊新港22区（刘永盛 摄）

六、其他能力

对于引航员来讲，以上5项只是相对来说最为重要的。重要性排在它们之后的是空间定向，获知自身方位与所处环境之间关系的能力，或获知其他物体与自身方位之间关系的能力；控制精确性，快速反复调整船舶到特定精确位置的能力；近物视力，对近距离（几米以内）事物能够看到其细节的能力；演绎推理，将通用规则应用于特定问题而获得有意义答案的能力；整合灵活性，在其他使人分散注意力的材料中，识别或侦察某种已知客观事物的能力。

根据以上这5项能力的定义，我们可以初步判断，空间定向、控制精确性及近物视力是船舶操纵的基础；演绎推理则帮助引航员在工作中理清思路，找到工作方案；整合灵活性可帮助引航员在纷繁的认知任务中梳理出重要信息。

可见要胜任引航员的工作，是需要很多种能力的，有些能力非常重要，要求高，而有些能力重要性一般，要求较低；有些能力时时都会用到，而有些可能只会用到一次或几次。职业能力绝大部分与从业者的身体和心理状况直接相关，所以在从业者身心受损后，职业能力可能受到影响，如引航员视力受损后必然影响远物视力和近物视力，如果单侧视力完全丧失更会严重影响深度知觉。所以保持职业能力的重要方面就是保护从业者的身心健康，这一点在职业保护方面尤为重要，本书在后面会对这一问题做更为详细的讨论。

第二节　上知天文　下知地理

引航员能够完成复杂的引航任务，与其自身具备的航海知识、船舶引航知识和对所在港口的地理、水文、气象等方面的知识储备是分不开的。下面介绍对引航员来说最为重要的5个方面知识及其他一些重要性相对较小的知识。

一、交通运输知识

交通运输知识指通过航空、铁路、海运或道路运输方式，运送人与货物的方法、原则的知识，包括相对成本和收益方面的知识。交通运输知识是引航员最为重要的职业知识，在交通运输知识对所有职业的重要性排序中，引航员排在第6位。

引航员的主要工作是引领船舶进出港和靠离泊，主要服务对象是港航企业，是典型的交通运输行业职业，所以对于引航员来说，交通运输知识也是最为重要的职业知识。由交通运输知识的定义可以看出，交通运输知识涵盖的内容很多。这一方面是出于宏观描述职业的需要，如果把每个职业的知识都特异化地表示出来，则职业间的异同比较则无从谈起；另一方面是由于当前交通运输一体化已成为发展趋势，多种交通运输方式相互连接互补是提高交通运输效率的有效手段。

我们回到引航员这一职业。引航员这一职业对交通运输知识的要求能够在所有职业中排在第6位，只低于飞行员、物流师、运输规划师、一线物料搬运机械和车辆操作指挥员等。这是由引航员工作本质的高要求决定的：其一方面要精通航海知识、船舶相关的引航知识，熟悉港航相关知识；另一方面其工作环境在港口，港口正是多种交通运输方式相互转换的节点，铁路货运、汽车货运、塔吊、传送机等一系列交通运输方式或转换接口都在港口运作，为保障整个港口的安全，引航员对这些知识也要有所了解，如货物的转运方式，港航企业的运作方式，以及成本和收益的大致情况，等等。这种对交通运输知识广而深的要求决定了交通运输知识对引航员的重要性。

笔者在与引航员交流的过程中发现，他们都能够对他们所在的港口航道的建设和发展，航行中的船舶所属的航运公司，港口装卸及多式联运等相关内容侃侃而谈；在论及船舶引航技术时更是有着学者般的严谨和钻研精神，交通运输知识正是处在交通运输关键节点上的引航员引以为傲的知识。

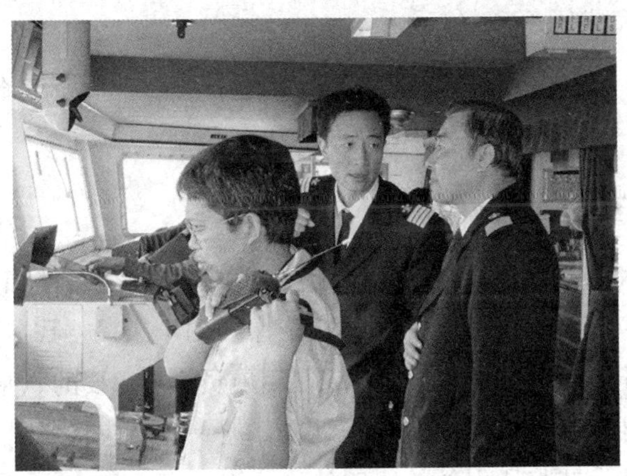

工作中的引航员

二、法律和政府政策知识

法律和政府政策知识指有关法律、法规、司法程序、司法解释、判例、行政命令、部门法规和民主的政治进程等方面的知识。法律和政府政策知识是引航员第二重要的职业知识。

交流中的青年引航员

谈到法律和政府政策知识，就要再次说起引航员有关维护引航主权的作用了。引航员作为我国强制引航制度的具体实施者，代表着国家的形象，被誉为“水上国门形象第一人”。这种身份要求引航员必须掌握相关领域的法律和政府政策知识，这才能够保证自己在象征国家主权时行使好自己的职责，到位不越位地完成任务。

除此之外，引航员在日常的船舶引航中也有大量的法律法规需要遵守，包括在水上航行需要遵守的相关法律法规等。

三、公共安全和保障知识

公共安全和保障知识指与部分地区（或全国）安保行动相关的设施、政策、策略和手续等方面的知识，目的在于保护国家人民、数据资料、财产和组织机构的安全。公共安全和保障知识是引航员第三重要的职业知识。

引航员是船舶在港口内的实际操纵者，他一方面应将所引领的船舶从海上引入港口停稳，或将所引领的船舶从泊位引至海上，在这一过程中要保证船舶、人、货物等的安全；另一方面要保护港口自身环境的公共安全。这两方面的安全常常是绑定在一起的，一起事故常常会导致船方的损失和港口内自然环境的污染，以及交通秩序的混乱。

除了防止意外发生，引航员还会在其他方面去争取公共安全。如引航员会更有效地利用港口当地的潮汐、风、水流，设计更好的船舶引航方案，降低船舶能耗，降低出现安全事故的风险。

在交通运输行业中，安全是一切的基础，没有安全就谈不上效率。引航员这一职业对公共安全和保障知识的要求在所有职业中排在第 83 位，并不是一个突出的名次，但船舶申请引航可以保证船舶的安全性，且引航导致的事故可能会给港口公共环境、公共设施造成较大损失，而且这还未将船方数以亿计的损失考虑在内。在一些研究引航安全的论文中，将引航员的生理状态、心理状态、法律法规掌握程度、船舶操纵技术等列为影响引航员可靠性的因素。公共安全和保障知识仅是引航员保障安全的一项基础，而安全完成引航工作则需要发挥引航员几乎所有的职业能力、知识和技能。

四、地理知识

地理知识指用于描述地貌、海洋、大气聚集特征的原则与方法的知识，包括它们的物理特性、位置、相互关系，以及植物、动物与人的生命的分布。地理知识是引航员第四重要的职业知识。

相信读者通过本书前半部分的内容，已经看到了地理知识对引航员这一职业的重要性。与法律和政府政策知识、公共安全和保障知识一样，地理知识对引航员很重要，但并不需要引航员将地理知识作为一门学科去研究。这种重要性更多地体现在引航员对特定水域的地理知识，特别是气候、天气、水文的熟练掌握和运用。

很久以前，引航员就懂得使用星象来判断位置和方向，今天我们有了更为先进的定位仪器，但很多自然地理知识仍然非常有用。引航员的工作地点是港口，海港处在海洋和大陆交汇处，内河港口则处在陆地和大河交汇处，这些地方都是截然不同的地理环境的交汇处。可以说引航员是身处复杂地理环境的工作者。这些复杂的地理环境不仅具有四季变化较大的气候特点，甚至每天的天气也都存在诸多难以预测的变数。

潮汐对于引航是很重要的，潮汐影响着航道的深度、水流情况，而航道的深度决定着航道可以通行的船舶的吨位和航行速度等诸多基础性问题。我国国土面积广大，不同的港口有半日潮、全日潮、混合潮等不同性质的潮汐，每种不同的潮汐类型都决定着一些相对大型船舶的通航时机，对于某些大型船舶，每天只有较短的时间具备通航条件。潮水上涨使得航道水深增加，能够方便大型船舶通过航道，而潮水上涨导致的水面升高也为船舶安全通过水上桥梁带来不便。这要求引航员对自身工作的港口的潮汐有精准的把握，这样才能够运用自己的技术来帮助船舶完成这些“高难度的动作”。

潮汐只是一个方面，引航员在接到引航任务之初，就要时刻关心、观测天气情况，因为大部分的港口由于其位于水陆交汇处，天气变化无常，特别是对通航影响很大的大雾或降雨天气，虽然这种天气无法准确预测，但具备丰富工作经验的引航员仍能够综合各种天气变化的可能性想出应对策略，提出合适的引航方案。

除了潮汐和天气外，肩负保护港口环境职责的引航员还要关心港口内水域生态、港口大气污染等方面的情况，可见地理知识当之无愧是引航员重要的职业知识。

五、教育培养知识

教育培养知识指课程和培训设计、教学和指导个体与团体，以及培训效果评估等的原则与方法的知识。教育培养知识是引航员第五重要的职业知识。

在引航员的历史中我们介绍了我国及其他国家的引航员培养模式。在其他大部分国家，引航员首先要有丰富的船长工作经验，然后不断熟悉某一个港口，才可能成为这个港口的引航员。在我国，即使引航员有不同于国外的职业培养模式，但在漫长的职业生涯过程中引航员仍要花费大量的时间来学习新知识，所以每一名引航员都要不断地学习并不断地交流、总结。这期间就要用到教育培养知识。

为何教育培养知识对引航员如此重要呢？因为引航员是非常重要且相对稀缺的特殊人才，在国内交通运输行业不断转型、国际公约要求不断提高的大环境下，引航所需的技术、工具日新月异，这为引航员的终身学习提供了足够的压力和动力。引航员要学习的内容非常多，如安全意识、特种船舶引航能力、应急操纵能力、航行避让能力、新型助航设备使用能力、语言应用能力、在特定水域对船舶位置及态势的控制能力、法律法规执行能力等。在工具的使用上，电子技术已广泛应用于各种船舶，如何准确判断仪器误差，修正仪器误差，应对暴雨、浓雾等使能见度突然变差等恶劣天气的影响非常重要。

可以说，引航员是一个需要非常注重培训和终身学习的职业，教育培养知识是其重要的职业知识。

六、其他知识

除以上 5 项知识之外，引航员还有 3 项值得在此说明的知识，分别是远程通信知识、英语知识和机械知识。远程通信知识是有关传播、广播、交换、控制和通信系统运作等方面的知识；英语知识是关于英语结构与内容的知识，包括字、词的意义和拼写，以及写作规则与语法；机械知识是关于机器和工具的知识，包括他们的设计、使用、维修和维护。远程通信知识是引航员能够使用通信装备与引航工作的相关方面联系，在需要的时候对通信装备进行简单的调试，并对通信装备的使用条件、干扰因素等有一定的把握；英语知识可帮助引航员与来自各国的船员顺利沟通；机械知识则是帮助引航员掌握船舶特性的基础。

第三节　运筹帷幄　当机立断

相比职业能力和职业知识，职业技能与职业的实际工作联系更为紧密。那么引航员要完成复杂的船舶引航任务需要哪些基本的职业技能来作为保障呢?

一、操作控制技能与操作监控技能

操作控制技能指控制设备或系统运转的技能。操作控制技能是引航员最为重要的职业技能，在操作控制技能对所有职业的重要性排序中，引航员排在第3位，仅次于两种飞行员职业。

操作监控技能指监察测量仪器、标度盘或其他指标以确保机器运转正常的技能。操作监控技能是引航员第2重要的职业技能，在操作监控技能对所有职业的重要性排序中，引航员排在第2位。

操作控制技能与操作监控技能是引航员的核心职业技能，这两项职业技能直接支撑了引航员的船舶引航技巧。从操作控制技能与操作监控技能在各职业的重要性中我们可以看到，引航员和飞行员都排在前列，在此处我们来看一下引航员和飞行员之间职业技能的差别。飞机的驾驶由机长和副驾驶来完成，副驾驶辅助机长来驾驶飞机，进行空地、空空联络，读降落检查单等工作。飞机在降落和起飞前后有几十甚至上百道程序，如收放起落架、襟翼、副翼、减速板油门的控制、飞机的配平等，这些工作都是需要两个人来配合完成的，且要一同进行操作，副驾驶在与机长共同完成工作的过程中还要负责联系地面塔台、导航，告知机长离地面高度、下降速率等数据的任务。

回头看引航员的工作环境，引航员自登船到达驾驶台，与船长进行与引航相关的信息交流后就独自开始船舶引航，在船舶进出港和靠离泊的过程中并没有“副引航”来协助引航员完成引航任务。在引航过程中，引航员要独自完成周围环境观察、通信、修正船舶引航的方案进而下达具体航向、车钟、舵令等。船舶具体航向、车钟、舵令的具体执行者是船员，这是引航员与飞行员又一个不同点。引航员不需要像飞行员操纵飞机那样亲自完成对船舶的操作，这一方面保证了引航员的注意力主要集中在环境观察和信息交换上；另一方面也保证了专门的船员实施具体操作的可靠性。毕竟飞机的机长和副驾驶都对其所驾驶的飞机有充分的了解，而引航员每次执行任务所引船舶不尽相同，让引航员在短时间内精通一艘船舶的驾驶系统也并不现实。

工作中的引航员

从以上对引航员和飞行员的工作比较可以看出，引航员更多的精力放在了接收和交换信息上，不参与具体的船舶操作；飞行员由于是两人搭档，可以相互协助完成全部的飞机驾驶相关任务。所以，在操作控制技能与操作监控技能上，对飞行员的要求要更胜一筹是可以理解的，而除此之外，则没有其他职业要面临比引航员更为困难的操作控制和操作监控任务了。

过去，船舶较小，船舶驾驶台设备较少，所以对引航员的操作监控技能要求并不高。随着船舶的大型化和深吃水化，对引航员操作监控技能的要求也越来越高。现在引航员对驾驶台设备和自己携带的装备更加重视，因为对于超大型船舶而言，航道变窄了，需要关注更远的船舶，回旋水域小了，靠泊要求也高了。例如，目前部分船舶要求靠泊速度小于 5 厘米/秒、与码头的角度小于 5 度等。预计未来对引航员的操作监控技能要求会进一步提高。

二、主动倾听技能

主动倾听技能指充分注意他人的谈话，理解其谈话的主旨，能够在适当时机提出问题的技能。主动倾听技能是引航员第 3 重要的职业技能。

主动倾听技能与前文提到的口语理解能力一起为引航员在驾驶台中的信息交流服务。引航员需要在通信设备传来的杂乱信息中提取有效信息，第一步是通过口语理解能力来理解对方表达的意思，第二步就是运用主动倾听技能获取语音语调等来提炼出对方话语的主旨，包括船与船、船与岸、引航员与船员、船员之间的信息交流。然后，在这两个步骤的基础上对通信设备中的信息和驾驶台中的语音信息进行过滤，除去无用的信息，留下有用的信息。

工作中的引航员

由主动倾听技能的定义可知，这仍是一项占用引航员注意力资源较多的技能。如何通过其他技术手段或工具缓解或解除引航员在主动倾听方面的认知压力应是引航员职业工具和职业技术发展的一个方向。这样可以将引航员从无用的信息接收中解放出来，将更多的注意力放在更重要的事情上，可以帮助引航员提高引航工作的安全性和工作效率。

三、批判性思考技能

批判性思考技能指采用逻辑推理来鉴别各问题解决方案的优缺点的技能。批判性思考技能是引航员第 4 重要的职业技能。

引航员在实际工作中积累了大量的引航案例，部分有价值的案例还会进一步在引航员的研讨会上进行讨论，进而让更多的引航员从这些典型案例中吸取更多的经验和教训，这对引航员的职业素质提升是有帮助的。无论是在实际工作中，还是在典型案例研讨会上，批判性思考技能都能够帮助引航员在当下和未来提高工作水平。

引航员在引领船舶之前，会根据引航计划、船舶特点和港口情况制定初步的引航方案。在开始引航之前，需要根据现场实际情况和与被引船船方进行的信息交流，修改引航方案。在引航过程中，在接收到来自各方的信息后和下达船舶航向、车钟、舵令前，引航员要时刻注意船舶和周围环境的变化，无论是船舶突遇的风、雨，还是周围突然出现的小型船舶，都会对船舶的航行安全产生影响，这就要求引航员要根据当时的情况调整引航方案。引航员要知道每种调整带来的结果，并对其安全性等各方面进行评估，最后做出最优的决策。这正是引航员在日常工作中运用批判性思考技能的主要阶段。

工作中的引航员

无论是正式的会议，还是三五名引航员的偶然碰面，都可能是一次关于典型引航案例的研讨，每名引航员都会对案例中当时的情况进行分析，提出当时操作中的优点和缺点，提出自己关于操作的见解和措施。笔者曾旁听过多次这种引航员在“不经意间”开始的“争论”，每名引航员都会充分表达自己的意见，思路清晰，有理有据，中文和英语混杂，很是热闹。这已经不仅是引航员这一职业批判性思考技能的表现，更是引航员这一职业细心钻研精神的体现。

四、讲话技能

讲话技能指在与人交谈过程中高效传递信息的技能。讲话技能是引航员第5重要的职业技能。同主动倾听技能与口语理解能力的关系一样，讲话技能也是直接建立在口语表达能力之上的技能。

引航员在通过通信设备接收和过滤信息的同时，也要使用通信设备向周围船舶发送信息，或回答周围船舶、VTS中心和港口调度方的问题。在这一过程中，引航员要充分运用自身的讲话技能，力求语言简练、吐字清楚、语义表达明确，这对港口和周围船舶了解引航员所引船舶，进而避免由于沟通不到位而引起的事故至关重要。

另外，引航员在下达口令时也要用到讲话技能。前文已经说过，引航员所下达的口令十分简洁明了，多数情况下只要发布航向、车钟、舵令，船员在执行操作的同时也会重复引航员的指令，保证口令传达准确无误，这给人的感觉是引航员在下达口令时并不需要复杂的讲话技能。如果在船舶航行很平稳时，是可以这样讲的，而在船舶遇到突发情况时，引航员清晰坚定的口令是可以起到稳定整个驾驶台“军心”作用的，即使是站在一旁的船长，看到胸有成竹的引航员也会帮助其保持冷静的心态，与引航员一起处理眼下的危机。

工作中的引航员

五、其他技能

除以上技能外，对引航员相对重要的技能还包括：复杂问题解决技能，即鉴定复杂问题并检索相关信息，以探索、评估解决方案的技能；监控技能，即监控、评估自身、他人或组织的表现，并以此做出改进或采取正确的行动的技能；协调技能，即根据他人行为而调整自身行为反应的技能；判断决策技能，即考虑潜在行为的相对成本和收益，以采取最为合适行为的技能；主动学习技能，即学习新知识并应用于将来的问题解决和决策的技能；阅读理解技能，即理解工作文件中的书面文字的技能；时间管理技能，即管理自己及他人的时间的技能；指导技能，即指导他人如何处理事件的技能；服务导向技能，即积极寻求帮助他人途径的技能。

可以看出以上这些技能对引航员的日常工作和学习都是大有帮助的，但并没有前文所列的那些技能那么重要。

通过本章前三节对引航员能力、知识、技能的介绍，读者可能已经对引航员这一职业的才能有了一个较为基础的认知，知道了这个看似“悠闲”的职业表现实际是平时千锤百炼的结果。通过以上这些内容读者也可以看出，职业研究中所提及的能力、知识、技能都只是职业工作任务的基础，在本章的下一节，我们会为读者呈现引航员这一职业工作中所使用的工具和技术及其发展。

第四节　如臂使指　利器善事

本节将为读者展示引航员所使用的工具技术。职业工具和职业技术是职业研究所关注的对象。在科学技术发展日新月异的今天，职业技术不断革新，引领着职业工具的不断升级换代；当人们发现在其他领域成熟运用的工具可以在引航工作中大放异彩时，也意味着引航工作中将会出现基于新工具的新技术。所以现在职业工具和职业技术的界限已经越来越模糊，本书也不会再去强行分辨职业工具和职业技术。

早期的磁罗经

早期的车钟

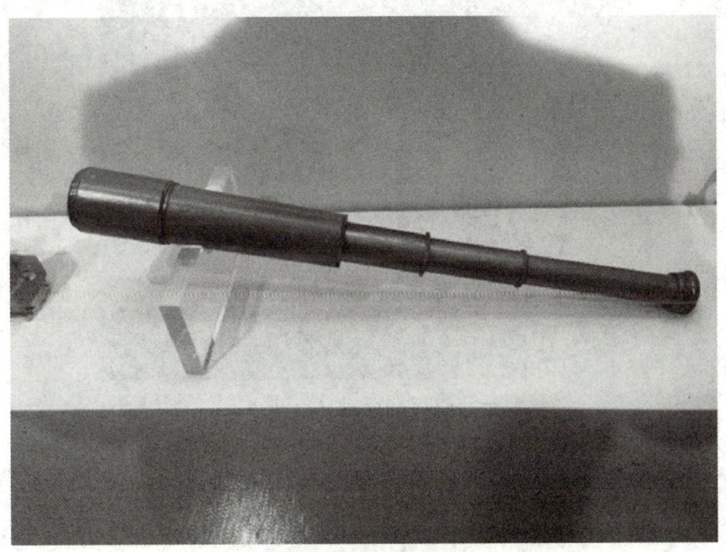

早期引航员使用的单筒望远镜

引航员使用的双筒望远镜

不同时代的便携式通信设备

为避免给读者带来困扰，本节内容力争深入浅出，为读者介绍了引航员所使用的工具技术中较为通俗易懂的部分，对专业性强的工具技术只进行概括化的介绍，最后再对无人机这项新技术可能在引航员职业工作中的应用进行了一些展望。

一、锚

锚可以说是引航员最基本的船舶操纵协助工具了。

锚自古就是泊船的重要部件。现代铁质的锚用铁链连在船上。锚的前身是用绳系的单个大石块或一筐石头，称为碇，依其重量和碇与海底或河底的摩擦使船停泊。后来，在碇上增加木制的爪，提高其抓力。我国南朝时期已有金属锚的记载，早期使用四爪铁锚，现代的锚基本是两个锚爪且能同时啮入海底的土中，抓力更大。

锚的作用后来有了外延，成为船舶操纵中的重要工具，是安全操纵船舶基本必备的要素。锚在船舶操纵特别是中小型船舶的操纵中有着广泛的用途。锚在船舶操纵中的用途大致可分为：泊用锚、港内帮助操纵用锚和应急操纵用锚三大类。

1. 泊用锚

船舶因候潮、候泊、检疫、避风、等候引航员、等候过闸和等候过运河等常需在锚地抛锚停泊，有些港口需在锚地装卸货物时也要抛锚停泊。

2. 港内帮助操纵用锚

在没有拖船协助或只有一艘拖船协助的情况下，抛锚靠泊是最常用也是最实用的靠泊方法。在靠泊时，船舶要保持一定的船速、船位及入泊角度，可能需要频繁用车、舵，这样会增加船速，而倒车又会使船位发生变化，不利于靠泊的顺利进行。运用拖锚靠泊，既可控制船速，减少用车次数，又可用舵控制船首、船尾旋转速度，保持入泊所需角度。因为锚链吃力，所以在接近泊位时，停车后，船的惯性会很快消失。待船首带上头缆及倒缆后，通过进车做舵，可使船安全入泊。

其实不只是入泊，在船舶离泊的过程中，恰当地运用锚也可以帮助引航员有效地完成部分船舶的离泊操作。如在没有拖船协助时，利用绞锚可使船首先离开，配合车、舵的使用，可以完成离泊操纵。当吹拢风较大时，开艉离泊时，首倒缆可能会承受不了过大拉力而断缆。如果靠泊时抛一外挡倒锚，离泊时绞紧锚链刹住，这样会大大减轻首倒缆的受力，待船尾离开足够角度后，再解船首缆绳，收起锚，倒车，可以实现安全离泊。又如在有些油码头，靠泊船的船首附近有输油臂、管线、消防炮及码头转角等，离泊时先将船尾离泊就比较危险，必须船首先离泊，这样在靠泊时就要抛一开锚，为离泊“艏先离”创造条件。再如在有些泊位，船舶需要倒车离泊，如果遇到风流条件较差或港池比较狭小的情况，要顺利倒航出来就比较困难了，因为船在后退过程中受倒车横向力及艉找风等因素影响较大，要稳定船首比较困难，在这种情况下，如果将锚抛下，利用拖锚来稳定船首，效果会十分理想。

3. 应急操纵用锚

应急操纵用锚包括应急抛锚、拖锚制动等操作。船舶在进出港航行中因主机、舵机失灵或者全船失电而失去控制，最好的办法是利用惯性驶出航道，在能够到达的锚地或合适地点下锚，即使不是规定的锚地也无妨，只要不是禁区、不阻碍他船航行、无海底障碍物就可以，这就是应急抛锚。在港内航行或在码头边靠离泊作业中，有时会遇到主机突然失灵，或船速过快，靠倒车已不能避免船舶碰撞码头或其他在泊船等情况出现，此时可紧急抛锚，使用短链拖锚，来控制船速减少冲程，这是最有效的避免事故发生或者减少事故损失的方法。

锚是一项古老的发明，但在今天船舶操纵中合理有效地利用锚，最大限度地发挥它的作用，仍能够产生非常好的效果，这也是良好船艺的体现，它能保证船舶靠、离码头和港内各项操作的安全和快速。可见锚虽简单，但却是引航员这一职业的重要职业工具。

二、拖船

拖船，也叫拖轮，早期制造拖船是为了可以像火车头拖带列车车厢一样，呈一列式拖带驳船。后来，拖船被用于拖带木排、竹排等，拖带的驳船在装卸货物时，拖船可以从事其他工作，这样比较经济。再后来，拖船发展为救助遇难船只、协助新造或修理的船舶进出船坞、拖带浮动建筑物等的工具。因为船舶日趋大型化，依靠船舶自身的主机、舵很难实现安全靠离泊和掉头，所以便有拖船用于协助船舶靠离泊和掉头。现代拖船的特点是船身较小而功率较大，自身不载运货物或旅客。现在，超大型船舶仅靠自身的操作很难完成靠离泊和掉头操纵，这时就需要拖船进行协助。拖缆用拖钩或带缆柱与大型船舶连接，通过拖船的力量来帮助大型船舶完成靠离泊和掉头。此外，拖船还能在应急抢救等方面发挥作用。随着船舶越来越向大型化方向发展，港作拖船的性能越来越优良，港口配备的拖船条件越来越完善，船长及引航员们越来越多地在工作中使用拖船协助完成船舶的靠离泊和掉头等操作。

拖船协助船舶靠泊作业

在船舶靠离泊的过程中，可以有 1 艘或多艘拖船进行协助，拖船可以顶、拉船舶，拉时也可以有各种角度。拖船如何操作，主要是根据船舶靠离泊的操作方案，即拖船要按照引航员或船长的指挥完成操作。船舶靠离泊时风、流、浪等情况都会影响被引船舶、拖船，所以拖船虽然能起到很大的帮助作用，但在实际操作和应用上并不简单。

远洋拖船拖带无动力船舶

为安全稳妥地靠离泊，引航员要充分细致地对气象水文条件、船舶和拖船状况、码头水域特点、参与靠离泊的所有人员的业务水平和沟通能力作出正确评价，申请适当数量和功率的拖船以保证安全，选择合适的作业方式来完成操作。拖船是很有用的职业工具，使用拖船是一门实践性、技巧性很强的职业技术，引航员要在靠离泊实践中认真思考，不断总结积累后，才能灵活地运用拖船并确保靠离泊作业的安全。

三、工具技术的融合发展

前面谈及了锚和拖船，它们是我们站在码头上就能看得见的最基本的船舶操纵辅助工具，而科技含量更高，更为精密的通信、雷达等引航工具技术则隐藏在船舶的驾驶台内。目前由于集成化、微型化的发展，很多种设备、工具已经相互连接融合，成为不可分割的整体。以下以雷达、通信设备的发展融合为例来了解引航员职业工具技术的融合发展。

1. 雷达

一百多年前，当时世界上最大的豪华客轮“泰坦尼克号”，曾被称作为“永不沉没的船”，但在她的处女之航中，就因撞上冰山而在大西洋沉没。早期的雷达正是用于发现冰山的。雷达是一种利用目标对无线电波的反射实现对目标准确探测的定位装置，应用比较广泛。现代船舶雷达的作用主要就是航行船舶对物标的距离、方位的测定等，通过加强船只对于周围水域的感知能力达到顺利航行的目的。定位功能是雷达最基本的功能，由于船舶在进出港口，在狭窄航道航行或者面临水道较为复杂的水域环境时常常需要有精确的导航设备进行相应的引导，雷达导航就十分必要。雷达导航就是充分利用雷达探测到物标的距离、方位在海图上持续进行实时定位，从而了解船舶周围水域暗礁、船只等信息，便于引航员能够据此不断调整船位，引导船舶安全航行。

在海上航行时船舶也会面临碰撞的危险，采取合理的避让措施十分必要，在进行危险的判断和避让时不仅要明确物标的位置，还要知道物标的运动信息。物标的运动信息需要通过连续的雷达观测并进行计算得到，这就是所谓的雷达标绘，相比传统的人工操作和计算，自动雷达标绘仪的出现极大地提高了雷达在船舶避免碰撞中的积极作用。

2. 自动雷达标绘仪

自动雷达标绘仪（automatic radar plotting aids，ARPA）是计算机技术与船舶雷达技术结合的产物，两者的结合能够较为快速而又准确地实现对目标运动信息的自动标绘，是船舶雷达技术发展的又一阶段。

ARPA 系统主要包括传感器和数据处理单元两个部分。传感器主要就是借助雷达进行数据信息的搜集和传输；数据处理单元则是进行各种数据信息的处理和信号转换。ARPA 能人工或自动捕捉目标，并在捕获目标后自动跟踪目标并以矢量形式在显示器屏幕上显示目标的航向和航速。另外，由操作者设定最近会遇点（closest point of approach，CPA）和到达最近会遇时间（time to closest point of approach，TCPA）的允许界限，当处理电路计算出目标的最近会遇点和到达最近会遇时间小于所设定的允许界限时，会自动以各种方式（视觉或音响）报警，提醒船舶驾驶员采取避让措施。经过技术的不断改进，现在的 ARPA 技术已经趋于成熟，能够持续、准确地进行动态航迹的预测和评估，能够为引航员提供更加直观和方便的动态信息，以更好地确保船舶安全航行。

3. 船舶自动识别系统

船舶自动识别系统（automatic identification system，AIS）是一种新型的船

舶助航系统，它是一种集计算机技术、现代通信技术及现代网络技术于一体的现代化助航系统，具有较为强大的目标数据信息的收发和处理功能，对于船舶识别、避碰和安全引航具有非常重要的作用。AIS 主要由接口电路、数据处理器、信息显示器、甚高频收发机等部分构成，接口电路主要是进行数据信息的搜集和录入；数据处理器是对各种数据信息进行识别、处理、存储；信息显示器就是显示本船和目标物的各种信息；甚高频收发机用于数据信号的自动发射和接受。

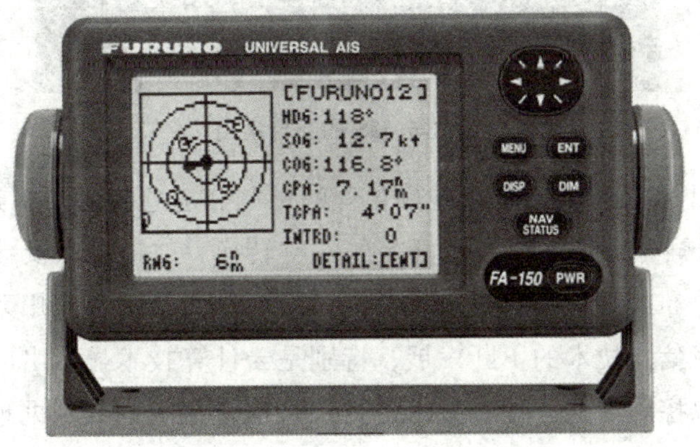

AIS 设备显示终端

AIS 能够实现船与船之间、船与岸之间的信息交换，主要包括静态信息、动态信息、航次相关信息和安全信息等，其中静态信息包括船名、呼号、船舶类型、船长和船宽等基本信息；动态信息包括航速、航向、实时位置、船首向、纵倾和横倾等信息；航次相关信息包括货物类型、吃水、预计抵达时间、目的港等信息；安全信息主要是航行警告等。AIS 可为引航员提供及时准确的数据信息和周围水域情况，确保船舶的顺利引航。

4. 雷达、ARPA 和 AIS 的综合运用

雷达、ARPA 和 AIS 都存在一定的缺陷，但是却又都是船舶引航必不可少的重要设备，通过建立雷达与 AIS 的一体化系统，将两者的缺陷进行弥补、优势进行组合，使其在具体的运用中发挥更加积极的作用应该是船舶引航的一个重要发展方向。

建立雷达、ARPA 和 AIS 提供的同一目标的位置信息的数据融合系统极为关键，通过多个传感器进行数据信息的采集和检测处理实现信息融合，从而

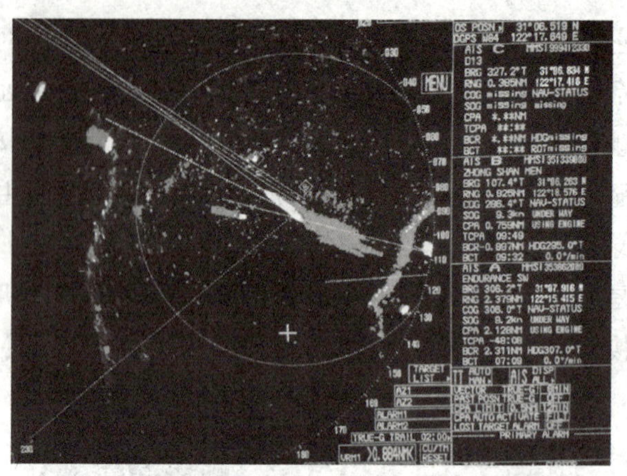

雷达与 AIS 的综合运用

掌握全面的目标信息，并据此进行合理的预测和应急处理。雷达、ARPA 和 AIS 进行数据融合构建主要涉及两者的时空转换、航迹关联及数据融合算法等，可采用分布式结构模型进行雷达与 AIS、VHF 的综合应用系统构建。此外，由于现代信息技术的不断发展，特别是云计算技术显示出巨大的数据处理优势，可以探索借助云计算技术进行综合应用系统的数据处理，确保庞大数据量的及时更新和准确处理。

引航员借助综合系统进行引航作业

对船舶引航系统的综合应用不仅是航运业发展的要求，也是现代科学技术发展的结果。另外，建立起更加完善的助航、引航系统不仅能够最大限度地确保船舶的安全航行，而且能够推动航运业的健康发展。实现雷达、ARPA

与AIS等助航系统的综合运用，会有以下几方面的优势。

一是能够有效提高跟踪船舶的可靠性。利用AIS获取的船名、位置、航速、航向等信息可以提高雷达探测目标的准确度，获得更加可靠的信息；AIS与雷达相结合能够减少天气、海况等干扰因素的影响，减少目标探测的丢失和误跟踪等情况。

二是能够扩大目标探测范围。雷达由于会受到岛屿等遮蔽物的阻碍形成探测盲区，借助AIS就可以实现信号的全覆盖。

三是能够使船舶获取的信息更加全面、准确、直观。不同助航系统能够处理不同类型的信息，这提高了信息处理的效率，从而确保了信息的准确性和全面性，而AIS数据也能够显示在雷达显示屏上，使信息更加直观，便于引航员的直接采纳和进行及时的船舶状态协调。

通过以上对雷达、ARPA和AIS的综合运用研究成果的简单介绍，相信读者对引航员职业工具技术的融合发展方向已经有了一个初步的认识。这种融合发展反映了引航员这一职业的职业工具技术从庞杂到集约的发展方向，这一过程同时也伴随着引航员能力、知识、技能等方面要求的变化，进而使得引航员这一职业整体发生变化，而在这一过程中，引航员船舶操纵的职业核心没有被淡化，反而更加凸显。这表明引航员这一职业并没有在退出历史舞台，反而在发挥着越来越重要的作用。当然AIS也不是万能的，由于AIS只能识别安装AIS设备的船只信息，对于没有安装的则无法识别，所以在综合运用船舶引航系统之后能够利用雷达探测弥补这一缺陷。

四、无人机

引航员的职业工具技术在未来会发展成什么样子？我们没法给出准确的答案。下面为大家介绍无人机这一新兴技术在船舶引航工作获得运用的可能性。

如果把雷达、ARPA、AIS等助航仪器归结为基于本船的助航仪器，那么，由无人机发展出的助航系统则应该是一个位于本船外的船外助航仪器。

无人机是利用无线电遥控设备和自备的程序控制装置操纵的不载人飞机。目前在航拍、农业、植保、自拍、快递运输、野生动物观察、传染病监控、测绘、新闻报道、电力巡检、救灾、影视拍摄等领域的应用，大大拓展了无人机本身的用途。发达国家目前也在积极扩展无人机的行业应用，发展无人机技术。

无人机若要应用在船舶引航领域，可以借助其跟踪、定位、遥控、航拍、数据传输等功能，实现地面站（可建立在引航站、引航船上）对船舶的多角度实时实景远程监测。地面站还能实时将采集来的船舶航行信息进行分析，同时可生成重要的助航信息甚至是操船指令。若再将此信息或建议指令实时传递给引航员，引航员便得到了来自本船外的第三方的协助，引航工作就可以开展得更加稳健。

无人机可能在引航领域的以下几个方面获得应用。

一是同地面站协同工作，建立一个第三方助航系统，形成引航新思维。

二是可以形成对引航员的支持。引航员（持有终端）可以通过无人机与地面站建立的助航系统获取无人机采集的船舶实时动态信息和建议，并与当时身临环境进行比对，如同获得了全方位立体式的导航概念，更有利于确保引航工作的正确执行。

三是可以形成对船舶导航的支持。无人机将采集的信息（视频等）实时传给地面站，地面站可以通过对信息的观察和计算等，判断船舶船位、航向、航速是否准确，并能及时给予提示。

四是对船舶进行护航作业。无人机除了可以跟踪被引船舶，采集并传输信息外，还可以接收护航指令，对靠近的碍航船只发出声光信号，给以警示，起到护航作用。

五是对国际避碰规则的支持。避碰规则作为海事国际准则，相当于船舶驾驶的交通法规。对于准则中对瞭望的要求，无人机可作为一种切实可行的视觉手段，对瞭望进行有效补充，特别是当遇到能见度不良的天气状况时，无人机可以迅速移动到远距离，定点进行巡视，成为一种有独特优势的瞭望手段；对于安全航速规则，地面站分析无人机采集的信息也有助于对安全航速的判定；对于碰撞危险，地面站也可以利用无人机对船舶之间的会遇局面作出测算与估计，有助于对碰撞危险进行判断。

六是对船舶操纵的支持。现在的大型船舶造价动辄上亿元，轻微发生碰撞就会造成巨大损失。无人机助航系统可以实现对船舶靠离泊动态的即时实景观测，地面站可以进行行动预判，从而提高引航操作的准确性。

由上可见无人机对引航工作有诸多好处。若要实现以上的应用效果，无人机助航系统应该包括地面站、无人机、可移动信息接收终端三大部分。无人机进行对当时引航环境的信息采集及传输，地面站负责对采集来的信息进行接收及处理，再将处理好的信息传递给可移动信息接收终端，即引航员。其中，地面站应建立在引航站，具有控制无人机的功能，针对无人机采集的信息进行实时接收和处理的功能，形成助航信息及指令的功能和传送信息的功能；无人机则专门采集船舶引航信息，将信息传送给地面站和移动终端，能够即时执行地面站发出的指令；可移动信息接收终端应该能接收和显示由地面站（或无人机）发出的信息，并能发出请求信息。

无人机助航系统可以让引航工作不再局限于某引航员在船上进行船舶操控的单一方式。在引航工作中引入无人机协助并建立完善的无人机助航系统，打造一种全新的第三方引航信息平台，无疑可以提高引航员乃至整个引航界的引航技术水平。

引航工具还包括 VHF 无线电通信、电子海图显示与信息系统（ECDIS）。其中，ECDIS 被认为是继雷达/ARPA 之后在船舶导航方面又一项伟大的技术革命。从最初纸海图的简单电子复制品到过渡性的电子海图系统（ECS），ECDIS 已发展成为一种新型的船舶导航系统和辅助决策系统，它不仅能连续给出船位，还能提供和综合与航海有关的各种信息，有效地防范各种险情。

现在，最热门的是 E-navigation，我们翻译为 E 航海。国际航标协会（International Association of Light house Authorities，IALA）将其定义为：E 航海是指通过电子的手段协调船舶和岸上航海信息的采集、整合、交换、显示和分析，以增强船舶泊位到泊位的导航和相关服务，以保障海上航行安全和安保，保护海上环境。航海发达国家的科研机构和引航机构投入人力、财力进行相关的研究和应用实践。于此相应的 E-pilot（我们称其为 E 引航）作为引航工具也在被积极地研究和探索中，其中之一的引航员便携终端（portable pilot units，PPU）已经用于引航作业，它对提高船舶引航作业效率、保障引航安全、改善引航员对航行态势感知，以及满足 E 航海架构下引航对高效、精确、智能化的需要起到积极的作用。但是 E 航海和 E 引航还没有国际标准，这里不再进行详细介绍。

第五节 披星戴月 风雨兼程

在本章的最后，我们来简单谈一谈引航员的职业环境，来看看引航员这一职业所处的宏观和微观环境为引航员带来了哪些挑战，引航员又是如何发挥自身才能来进行积极应对的。

一、近现代引航环境的变化

随着近代科学技术的飞速发展，无线电报、无线电话、电罗经、雷达、测深仪、计程仪等先进航海仪器广泛用于航海实践，国际海事组织（International Maritime Organization，IMO）、国际海道测量组织（International Hydrographic Organization，IHO）、国际航标协会（IALA）、国际引航协会（International Maritime Pilots' Association，IMPA）等组织相继成立，各种海上公约法规的相继制定和完善，开启了世界航海的新篇章。随着世界各地民族独立运动的蓬勃兴起，主权国家的理念深入人心，各国相继成立引航公会或引航机构，制定引航法规，现代意义上的船舶引航正式确立，强制引航成为宣示国家主权的一种方式和追求，这些丰富了引航的内涵，并重新定义了引航员这一职业。

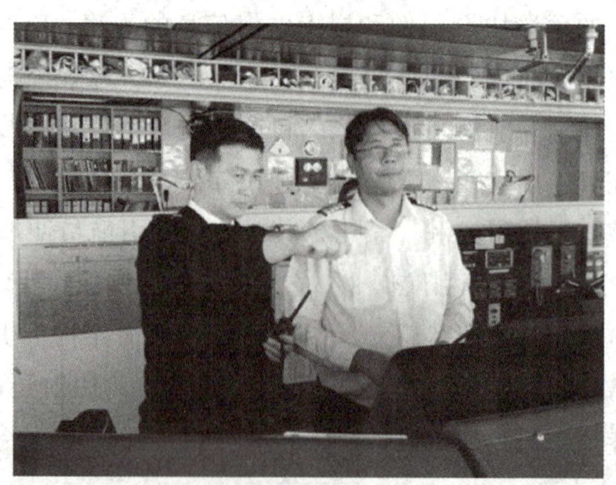

工作中的引航员

这一时期的引航员开始走上职业化、组织化和专业化的道路，他们大多由精通现代航海技术和海事法律法规、具有丰富航海经验的船长或出身航海院校受过严格训练的专业人士组成。一方面，科学技术的进步极大提高了引航员驾引船舶进出港和靠离码头便利性和安全性；另一方面，复杂的引航环境和多种不利因素，使引航操作面临的风险不断增加，具体表现在以下几方面。

一是船舶大型化。我国的国际贸易80%以上依靠海运，引航员引领了大多数从事国际贸易的船舶。随着经济全球化的深入发展，加工贸易在很长一段时期仍会是我国对外贸易稳定增长的助推器。全球十大港口，有7个在中国。全球十大集装箱吞吐量的港口，同样有7个在中国。40万吨级矿砂船、30万吨级油船、1.8万TEU、超大型豪华邮船等靠泊我国港口已成常态化。船舶大型化提高了引航工作的难度。

二是锚地、航道、港内船舶密度不断增大，船舶种类多样，船舶尺度不一，船速差距悬殊，通航局面日趋复杂。

三是海上交通流量和船速不断提高，船舶会遇、追越、交叉相遇等复杂局面在小尺度内集中展现，船舶会遇避让的判断、风险评估和反应时间大大缩短，船舶碰撞风险增大。

四是锚地和航道不断向外延伸，引航工作时间加长和强度加大，生理和心理疲劳成为威胁安全的隐患，引航员登离船的风险也随之增大。

五是大型和超大型船舶在港内靠离泊、掉头等复杂操作使事故发生的概率增大。

六是引航过程中机器设备突发故障造成应急事故。

七是发生事故造成的严重后果，如海洋污染事故带来的巨大财产损失和环境危害等。

进入21世纪后，引航员的角色发生重大变化，船舶引航逐渐成为一个系统工程，引航员更多的是充当风险管控者的角色，其突出表现在以下几方面。

一是信息化、数字化、网络化和全球卫星通信导航技术在航海领域得到广泛应用，需要引航员通过不断学习来掌握新的技能、熟悉设备操作特性；驾驶台团队的配合和支持对引航员操作和引航安全发挥着越来越重要的作用。

二是随着船舶大型化趋势的不断发展，引领超级巨轮进出港需要引航员、船员、拖船、港口码头等多部门进行通力配合。

三是引航机构、引航员作为一支专业队伍，更多地参与到现代港口规划设计、海上重大灾害事故抢险处置、海上重大工程建设施工和公共安全事件处置当中。

四是2007年发生于美国的“中远釜山”轮碰撞奥克兰湾大桥事故，该轮的引航员约翰·科塔因污染及致候鸟死亡罪被判处10个月监禁，这成为美国历史上第一个被判刑的引航员，此次事件在国际引航界轰动一时，凸显了引航员需要面对的法律风险等。

以上这些近现代的引航宏观环境变化，都对引航员这一职业造成了巨大冲击，引航员所需的职业才能也在随着不断变化，并且这种变化越来越快，对引航员职业的承受能力要求也越来越高。

二、引航员职业环境的变化

在引航大环境的变化下，引航员的职业环境也在方方面面变化着。

1. 引航职业吸引力有所下降

随着陆上经济收入的大幅提高、家庭可支配收入的增加，以及生活条件的极大改善，人们不再把工作看作是养家糊口的唯一途径。尽管引航员的工作收入相对较高，但由于工作时间不固定且没有白天黑夜和节假日，风险大，对身体的损害大，对家庭的照顾少等，使得引航工作的吸引力有所下降。在人们更看重工作生活质量的今天，引航工作的性价比在下降。

工作中的引航员

2. 引航风险愈来愈高

引航风险主要来自于与引航相关的人、船舶本身及其设备即港口环境等。相关人员包括引航员自己、船员、拖船船员、船舶交通服务人员等，这些相关人员对本职工作的熟练程度及团队之间的协调配合不足都是引航工作的风险点。船舶方面，大型化、专业化、现代化和快速化的发展方向，让船舶在港内操纵避碰的难度越来越大，对相关人员专业技能要求越来越高；港口环境越来越复杂，港内船舶密度越来越大，活动越来越频繁，引航员操纵船的空间相对越来越小，如天气恶劣则情况更糟。

3. 对引航员个人要求不断提高

某种程度上说，引航工作也是服务行业之一。随着社会服务意识的增强，服务水平的提升，以及造船技术和引航技术的发展，人们对引航服务的期待也不断上升。引航工作要安全可靠、服务规范和便捷高效。因此，要求引航员队伍不断向正规化、高效化方向发展。这也要求引航员不但要具有高超的专业技能，还要有强壮的体魄和强大的心理素质。船舶的尺度、吨位越来越大，引航员不仅要攻克操纵船舶技术上的难关，还要克服大型化、专业化船舶带来的心理负担。

4. 工作时间无规律性

引航工作只有排班表没有时间表。因多种因素的影响，船舶到港和离港的时间都无法完全确定，引航员时常要待命等待。此外，引航员的排班大都是大循环，大家都参与到排班循环中，轮到什么船且当天值班引航员有资格引领则就要这名引航员来负责。引航工作不分白天黑夜，没有节假日，全年无休。引航员昼夜生物节律紊乱对引航员的身心健康损害很大，直接影响了引航职业的性价比。

5. 团队工作越来越重要

如今的引航工作，个人的能力和作用在一定程度上起到了决定性作用，但仅凭个人的力量是不够的。驾驶台资源管理已成为引航员培训的必要科目，可见引航工作中的团队合作是必不可少的。究其原因，主要有两点：一是个人的能力毕竟是有限的，难免百密一疏，引航工作需要所引船舶的船员尤其是船长的配合，靠离泊过程中拖船的配合和提醒也是必要的；二是整个引航作业过程都受到海事部门的监督，他们的及时提醒、引导、警告、建议等也都能起到警醒作用。因此，引航员不仅要有过硬的操船技能，还必须有良好的沟通协调能力，尤其是与外国籍船员的沟通，这样才能融入团队，发挥团队的最大作用。另外，有的超大型船舶或特殊船舶，出于安全考虑，需要安排两名引航员参加，引航员之间也要有良好的沟通协调。

三、引航员应对环境变化的对策

1. 提高业务水平

引航工作是一种技术性很强的工作，唯有过硬的引航业务水平才能遇事

不慌。引航员要着力培养敏锐观察、冷静思考和善于决断的能力，要养成勤观察、勤记录、勤积累和勤总结的习惯，以及做到老、学到老的终身学习的习惯等。

2. 增强自信心

引航工作中自信心是非常重要的，缺乏自信会给自身工作带来不必要的心理压力。引航员的自信源自于良好的习惯，源自于以往成功经验的积累，源自于高超的操船技艺，源自于对港口环境和水文条件的熟悉，源自于老一辈引航员留下的宝贵经验。自信会让引航员展现良好的水上国门形象，坚持自己正确的思路，从而出色地完成各种引航任务。

3. 培养良好的敬业意识

敬业就是敬重自己的职业，将工作当成自己的事，专心致力于事业，千方百计将自己的事办好。其具体表现为忠于职守，认真负责，一丝不苟，善始善终。引航员必须要有良好的敬业精神，才能始终模范地遵章守纪和培育自身优良的职业道德。

4. 培养良好的心理相容性

心理相容性是指人与人之间在共同活动交往中和在个性上的融合。在驾驶台团队中，要求具有不同特征的成员间能够相互理解、相互容纳、同心协力、密切协调，这对船舶引航工作的顺利完成是至关重要的。在完成每一次引航工作过程中，除被引船的船员外，引航员还要与交管中心、拖船、调度、其他船舶、码头工人等多方人员交流和沟通。引航员需要注意培养良好的心理相容性，要尊重他人，协调好人际关系，客观地认识自己，认识他人，接纳他人的意见。

5. 调节自己的心理状态

抑郁、焦虑、暴躁等情绪都会影响引航员的引航安全。这要求引航员学会调节自己的心理状态。乐观地接受挑战，不怕麻烦，始终保持平和愉快的心情，不庸人自扰。平时要学习一些调节心理状态的方法，提高自己的心理承受能力，减缓或消除不良情绪对引航安全工作的影响。

6. 培养合理分配注意力的能力

能否合理分配注意力，是一个引航员的必修课。如引航员在船舶靠离泊时，不仅要关心船舶的前冲后缩，而且还要关心船首和船尾的横向移动速度，同时还要用无线电对讲机指挥拖船协助和码头工人带缆。所以引航员要在日常工作中不断磨炼，让自身的生理和心理逐渐适应这种高认知强度的工作环境，练就“眼观六路，耳听八方”的本领，使自己工作起来更加游刃有余。

7. 树立安全防范意识

对任何职业都可以谈安全，对引航员来说更是如何强调都不为过。引航员要适应错综复杂的工作环境，一个重要方面就是树立安全意识，在培训和实际工作中将安全意识固化下来，融入引航工作的每一次操作中。另外引航员要积极面对全天候待命的工作特点，保证自身的休息，在工作中保持生理和心理上的高应激状态。用高质量的船舶引航来降低安全风险，同时也让自身在安全事故出现后能够稳定情绪，做出最好的处理。

本章从引航员的职业能力、职业知识、职业技能谈起，向读者展现了成为引航员所需要的基本职业素质，之后又向读者简单介绍了引航员所使用的职业工具技术及其未来的发展方向，最后介绍了引航员这一职业所处的宏观环境及从业者所面临的来自职业环境的各种挑战。相信读者已经对从事引航员这一职业的从业者有了更深的认识。

第五章　船舶引航员的故事

本书前四章分别介绍了引航员的历史、价值、职责和才能，不同角度的描绘希望给读者更全面、更立体的认识。而要去感受引航员的内心，最合适的莫过于去倾听引航员那一个个鲜活的故事了。本章将分不同主题来给读者呈现有血有肉的引航员，这些故事或是传奇轶事，或是真实事迹，或是工作中的风采，或是生活中的点滴，希望这些故事能够与前面章节一起，将引航员这一职业形象完美展现。

第一节　历史传奇

一、叱咤风云的船员领袖金月石

金月石

金月石是我国近代航海家，船员的领袖人物，一生充满传奇色彩。1893 年农历十月初五，他生于一个没落的官僚家庭。祖上和慈禧太后同族。

1911 年，18 岁的金月石考入上海吴淞商船学校驾驶班。到 1915 年该校停办时，金月石没有读完全部课程，他便刻苦自修其余课程，同时上“保民”轮当练习生。当时吴淞商船学校的夏校长对他进行了面试，并亲自发给他二副和大副证书。我国航海界泰斗萨镇冰也是吴淞商船学校早期的校长，他非常赏识金月石，并把自己骑马的照片赠给这位学生。一年半后，金月石便当了肇兴公司“肇兴”轮二副。

1925 年，金月石又向民国交通部申请到了甲种船长证书。这年 10 月，他当上了“福庆”轮船长，成为我国最早的一批海轮船长。

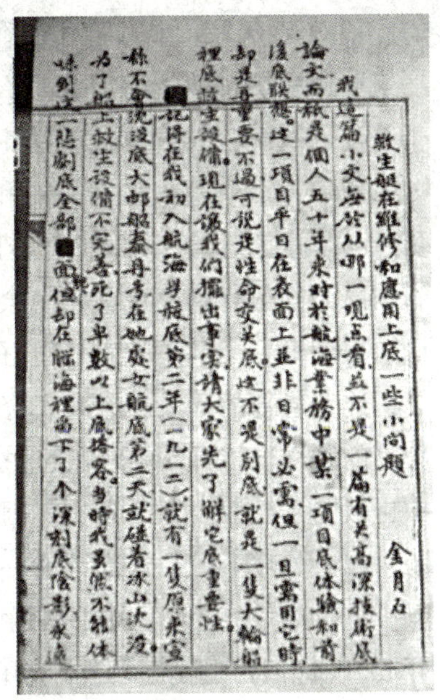

救生艇在维修和应用上底一些小问题

金月石

金月石先生写的“救生艇在维修航应用上的一些小问题”

1. 夺引航权，呼号奔走

1926 年，海船驾驶员们成立了中国商船驾驶员总会，后改名为中国商船驾驶员公会。金月石被选为委员，陈干青被选为会长，该会的宗旨是“维护航权，收回引航权，发展航海学术，联络同仁”。金月石力主收回航权和引航权，并组织力量进行斗争。

吴淞商船学校的学子

金月石为夺回引航权而大造舆论。他在报纸上不断发表文章，一再指出：“引水权[①]是一个独立国家权力的一部分，不许别国侵犯与任何人充当。”经过金月石、黄慕宗等人的斗争，上海的国际引水公会不得不在 40 名引航员名额中先后给中国人 1 ~4 个名额。

---

① 引水权即引航权。

1939 年 6 月，金月石才递补为引航员。但是两个月后，日寇发动了“八一三”战争，进攻上海。金月石对日寇深恶痛绝，不顾父亲和兄长的反对，于 10 月 3 日夜奔赴重庆，出任民生轮船公司驾驶顾问。

1940 年，在重庆的金月石和郑鼎锡、黄慕宗等人决定重建中国商船驾驶员总会与重庆分会，郑鼎锡任理事长，会址在白象街，会员约一百人。金月石与总会同仁商量决定，由总会登报召开一个留渝航业团体参加的“卫护中国航权大会”，当时所有在重庆的与航业有关的二十几个单位，基本上都参加了，连交通部的代表与外交部条约司长也来参加了，大会一致通过了总会所拟订的收回航权计 24 条提案。抗日战争胜利后，我国与英法美谈判的新条约中也载明了航权收回的条文，因此金月石激动地说：“这不能不说是自鸦片战争以来，外交上最令人高兴的一页条文。”

抗日战争胜利后，航权刚刚收回，可是国民党政府又来了个“内河航权开放”（即四口通商）。这在我国特别在航运界激起了轩然大波。金月石异常愤怒，连连不断地在《文汇报》《联合日报》等报刊上发表大量文章，批判“内河航权开放”论，明文指责国民党政府“媚外，有丧主权，大失人心”！

金月石先生当选驾驶员总会理事长后，便以总会名义发表了《为维护航权，致各界的一封公开信》《维护航权，航业界书告各界（公函）》。金月石和航业界及全国人民的反对，终于迫使国民党政府暂时收回了开放内河航权的主张。

1946 年 9 月，金月石与秦铮如、马家骏等 18 人组建了上海铜沙引水筹备会，金月石任主任，并被淞沪区引水管理处正式批准执行引航业务。年底，原引水公会的外籍引航员罢工要求增加薪资，使港内不少海轮无法出港。金月石首先单独引进了万吨轮 2 艘，引出 1 艘，使外籍引航员大吃一惊，罢工失败，并决定将上海引水公会与金月石主持的铜沙引水筹备会合并，取名“上海铜沙引水公会”。

2. 抗日勇士，船员领袖

金月石早年追随孙中山，并于 1919 年由陈白涛介绍，参加了国民党。他追求进步，北伐军进攻上海时，他曾策动船员起义。抗日战争胜利后，参加中国民主革命同盟，在中国共产党的影响下，在大批著名的民主人士帮助下，从事进步活动，接济革命活动经费，掩护中共高级干部返回解放区。

1926 年，金月石把国民党党证缝在西装里，秘密去广州参加革命活动。回沪后，为策应北伐军攻克上海，和妻兄冯若舟到陈家木桥的一家客栈，把一批军火武器秘密送到江南船厂。同时，金月石还策动船员和码头工人起义，他亲自到码头上燃放起义信号。可惜，起义没有成功。

1932 年，金月石在招商局的“公平”轮上当教练长及船长，在“一·二八”抗战时期，因日寇进攻上海，“公平”轮由广州返沪，途经宁波附近时接到电报不能进上海港，在宁波停了两天才返沪，船靠十六铺。金月石痛恨日寇，怒不可遏，取了船长的自卫手枪，别在腰间，奔赴南市打日本鬼子去了。金月石在南市被国民党军队抓了起来，后来招商局出面把他保了出来；金月石又满腔热血地支援前线，当时上海最冷，便亲自买来大批灰色布料和棉花，用黄包车拉到西门路（现自忠路）西湖坊的家中，请了六七个女邻居来缝制军棉衣，慰问抗日将士；同时他还把家中一只银杯捐献给抗日团体作为经费。这只银杯，是他有一次在海上抗击强台风 17 小时，保证了船舶安全到达目的港，外国一个友好团体赠送给他的纪念品。

在重庆，金月石和大批共产党员与民主人士来往，其中有在重庆领导“东北民众抗日救亡总会”的高崇民、阎宝航及郭沫若、侯外庐、邓初民、王昆仑（政治活动家）等，并由阎宝航、闵刚侯介绍参加了中国民主革命同盟，从事抗日进步活动。

1946 年抗日战争胜利后，金月石随民生公司船舶直开上海试航，抵达上海后，金月石将驾驶员总会从重庆迁来上海苏州河外白渡桥的黄浦路 73 号，并被推选为该会理事长，连任到 1949 年。这时期，金月石做了以下三方面的事：

抗日战争胜利后，各航业单位返回上海，金月石代表驾驶员总会与航业资方谈判船员的薪资，经过他的努力，双方达成了协议，确保了船员生活的短期安定。

1948 年，招商局船长张晋声发生了水上事故，但法院未经审问与判决，便把他投入监牢。金月石便召开了理监事会议，决议声援张船长，并于某日令上海港内各轮同时鸣放汽笛两分钟作为抗议，吓得国民党市长吴国桢大惊失色，连忙把金月石找去谈话。金月石不满地对吴说：“你们这样随便抓人，今后谁还敢当船长？无人做船长，轮船叫谁开！”经过总会和船员的声援，张船长被判处徒刑，但是缓刑释放。

1948 年 8 月 19 日，金月石带领总会会员与其他四个船员团体组织 280 多人，组织游行，前往航政局、招商局和市政府请愿，反对削减船员待遇，斗争获得了胜利。

1949 年 1 月北平、天津解放后，上海轮船业同业公会全国联合会向国共双方倡议南北通航，金月石为理事长的总会与其他四个高级船员团体联名发表《为促请完成华北通航宣言》，要求南北通航，反对外轮侵夺我沿海航权。金月石特派能干的周启新与魏文翰等 4 人赴北平谈判，并使南北通航谈判成功。

3. 密送党员潜往北平

1945 年，爱国民主人士高崇民根据周恩来的指示，与东北干部速返东北开展工作，实现中国共产党北上的战略部署。1946 年 1 月，高崇民和他的秘书孙汉超等一大批同志到达上海，遭到国民党特务的追缉，处境十分危险。

他想到在重庆认识的金月石，于是便去求助金月石。金月石为高崇民改名换姓，改扮成账房先生，并购买了去营口的船票；又亲自把他悄悄地送上船，由于与船长是知交，便嘱咐船长："这是我的好朋友，到营口去做笔生意，请一路多关照。"就这样，高崇民平安抵达营口，转本溪解放区，到了东北局。几乎前后不几日，高崇民的秘书、中共党员孙汉超，日本进步女作家绿川英子等 6 人于 1946 年 1 月 11 日从武汉秘密起程，到南京转上海，为躲避国民党特务的追捕，6 人寻到金月石，搭上了招商局为国民党向北运兵的轮船……

1949 年 4 月上海解放前夕，金月石和秘书靳为霖装扮成商人，秘密乘上法国邮船"诺曼底"号，于 3 月底至香港，再由港乘船至已解放了的烟台，然后搭车到济南，转火车北上，同行的有电影演员白杨、作家柯灵等，于 5 月 10 日到达北平。

周恩来百忙中先后三次接见金月石，请他提提新中国航业发展建议，并询问他如果新中国航运量翻一番，国家要用多少钱来买多少只船舶？金月石用具体船舶总吨位数据和船舶周转状况，对周总理说："解放了，船员当家做主，积极性高了，加快船舶周转，运量翻一番不必增加很多船。"后来在一次大会上，周恩来引用他提供的航运数据作报告，金月石看到报告非常激动。

1949 年 5 月 27 月，金月石应邀在新华广播电台做了题为《彻底摧毁反动政权，中国航业才有出路》的讲话，号召国民党占领区船员起义。

1949 年年底，金月石到了香港，除了动员卢作孚回国外，还接触了一些航业界同仁，如好朋友陈天骏（香港招商局副经理，13 艘船起义组织者之一）等人，引起了国民党的惊恐，发出了通缉令。金月石于 1950 年 2 月 12 日重返引水公会，1950 年 3 月被交通部任命为该校校务委员兼副主任，4 月被任命为船员考试委员，由周恩来亲自任命为上海市政建设委员会委员。1955 年也是由周恩来提名他为上海市第一任引航员。

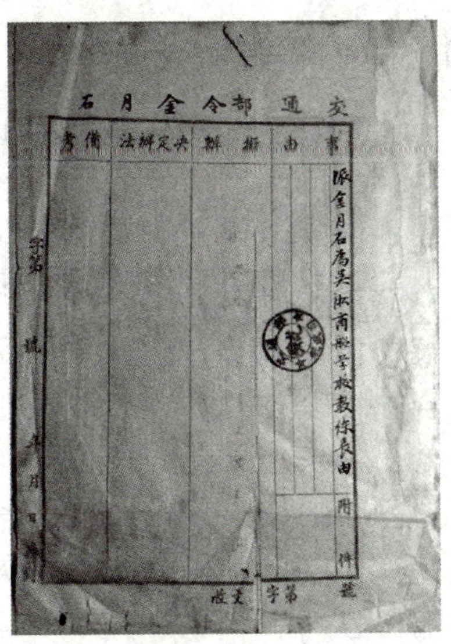

交通部令　金月石

事由 | 決定辦法 | 備考

派金月石為吳淞商船學校教務長由

交通部对金月石的派遣函

中央人民政府
政務院
任命通知書
政字第　號

茲經政務院第九十次政務會議通過任命金月石為上海市人民政府市政建設委員會委員

特此通知

總理　周恩來

一九五一年六月二十二日

金月石的任命通知书

1957 年 6 月，交通部委派金月石为上海港副监督长，他因十二指肠溃疡而恳辞。这年曾去北京筹备航海协会，并于当年光荣离休。他历任上海市军管会航运处顾问、上海海运学院校务委员会副主任、上海市政建设委员、中国航海学会（筹）委员等职，并连任上海市1~5届人大代表。

他也是长期从事航海教育的工作者，并写出了上海港引航经验总结，为祖国航运事业做出了贡献，不愧为一名爱国的航海家和船员领袖。

（选自《航海》2010年3期，原文作者吴长荣，有改动。）

二、第一位中国籍5 000吨级船长黄慕宗先生

晚年黄慕宗

黄慕宗（1893—1985），江苏崇明（今属上海）人。青年时代就读复旦大学预科班，后到上海肇兴公司船上当练习生，民国十年（1921）晋升二副，从此以毕生精力投身于航海事业。当时一些帝国主义分子蔑视中国航海界，断言“在长一百米以上的海轮上不会有中国船长”。黄慕宗等一批有志青年为此义愤填膺，奋发努力。民国十五年（1926），黄慕宗来到同德公司唯一的一艘5000吨级货轮上当大副，深得器重，不久即被委任为船长，成为现代海轮最早的中国船长之一。

民国十七年（1928），黄慕宗进招商局工作，历任“广利”“遇顺”“江华”“新丰”等轮船长。民国二十二年（1933），以优异成绩考进天津引水公会，成为天津港第一名中国人引航员，开创了中国航海史上的新纪录。

七七事变后，为避日本侵略者搜捕，黄慕宗被迫离开天津，回到上海，后又到重庆，改行经营五金生意。徐学禹任招商局总经理后，黄慕宗应邀回到招商局任船务处处长。1946年2月，美国卖给中国10艘万吨级自由轮。招商局总经理徐学禹认为万吨级海轮无一中国人驾驶过，要用外国人当船长。黄慕宗据理力争：“我们已能驾驭5000吨级海轮，且跑过远洋，为什么不能当万吨级自由轮的船长？外国人当第一艘万吨级海轮船长难道是天上掉下来的？一个外国人也不要，全部用我们中国船长！”并承诺一切责任由自己负，让徐学禹无言以对。黄慕宗将上海航运界最优秀的船长滕士标、陈邦达、张丕烈等10人调到万吨级自由轮当船长。他们都有一颗爱国心，有的放弃私营轮船公司的高薪前来报到，纷纷对黄慕宗说：“您为中国人说话，我们愿意跟着您！”

黄慕宗接受舰船时和美方人员合影

民国三十六年（1947），黄慕宗担任招商局副总经理，并兼任交通大学航海系主任、上海航政局局长、上海港务整理委员会委员、船舶碰撞纠纷处理委员会主任委员、交通部船员考试委员会主任委员等职。时上海有引航员 40 人左右，多为洋人而中国人极少。黄慕宗早有夺回国家引航权之意。遂趁外籍引航员要求增薪罢工之机，写信给国民党政府交通部航政司，提出建议和见解，征得同意后接管了上海港的引航权，并将一批技术较好的中国船长调去当引航员。

上海解放前夕，招商局高级职员纷纷迁往台湾。有人也曾威胁利诱黄慕宗离开大陆，但黄慕宗不为所动，毅然留在上海。以后又积极争取招商局船舶回归。1950 年，曾随同中国人民解放军上海市军管会的军代表一起到香港，商议接收 13 艘起义船舶事宜。招商局改组为上海海运局后，黄慕宗曾担任局顾问、室顾问，获得过交通部教育司一等二级工程师技术职称，并曾当选为徐汇区政协委员。黄慕宗晚年虽体弱多病，仍十分关心祖国统一大业，关心航海事业的发展，为台湾早日回归祖国做了许多力所能及的有益工作，并对发展海运事业积极提供信息和建议。

（选自上海地方志，有改动。）

三、伶仃洋上的“带水佬”们

广州的“带水佬”

广州黄埔区港前路，有幢蔚蓝色的七层大楼，门前是白底黑字的木牌：广州港引航站。

就像空港领航员引领飞机降落一样，进入珠江口伶仃洋面的轮船，特别是外国轮船，到达我国领海与公海交界处的桂山岛后，引航站便会派出引航员，上轮船后在雷达导航系统和卫星导航系统的配合下，用准确无误的车位舵令，指挥船长将船穿过弯弯曲曲的航道，绕过激流险滩、暗礁旋涡，避开江面上密密麻麻的船只，平安引带到东莞、南沙、广州各个港口。

引航员，高技术、高难度、高风险而又鲜为人知的职业，除了要熟练掌握驾引技术，还要有气象学、流体力学、工程力学、材料力学等多个学科的丰富知识。广州港引航站的百多名引航员，担负着进出珠江航道轮船安全的重大使命。我国海事部门规定，一名航海类本科生毕业后，需 10 年以上时间，才能成为一级引航员；远洋船长报考引航员后，须经 6 年培训，考试合格才能成为一级引航员。要求之高为一般行业少见。

油画长卷《远航之梦 · 广州十三行》局部——黄埔古村（陈铿画）

然而，旧中国黄埔港的引航员竟然是二三十个没有多少文化的水上居民。

1. 家族式的垄断行业

广州过去称引航员为“带水佬”“八爪佬”。引航员到船上引航，都要抓着船边的绳梯攀登上去。以前的轮船较小，一般只有八节绳梯，抓着绳梯爬上爬下，人们称他们为“八爪佬”。

引航行业一般由家族垄断。广州有个引航组织，叫“联盛引水工会”，受粤海关直接管理，只有李、邓、黄、张四个姓氏。联盛引水工会有个印章，分成四瓣，每个姓氏保管一瓣，盖印时，大家都拿出来，缺一不成。这个工会垄断了省、港、澳的引航权，其他外姓人不能加入。

海珠区的宝塑四巷，过去叫“带水街”，不少“带水佬”都住在那里。革新路附近的凤安涌两岸、长洲岛旁的深井岛，都是“带水佬”集中居住的地方。

广州口联盛引水工会证章

在四个引航家族中，李姓家族的“带水佬”最多，占旧时广州引航员一半以上，前后约有 20 人。他们的祖籍，在黄埔区珠江村。我们在深井岛找到李氏家族其中一位后人——40 多岁的李马特先生，他翻开族谱对我们说：“李氏家族做引水，鸦片战争前就开始了。”

李马特向我们展示李氏家族用过的引航资料

乾隆二十二年（1757）至鸦片战争前的 80 多年，清政府独留广州“一口通商”，到中国做生意的外国商船全部云集广州。许多外轮由于不熟悉珠江水道，无法进入，必须请人引航。李氏家族祖祖辈辈以捕鱼为生，哪里深，哪里浅；哪里有礁石，哪里有旋涡；哪里风急浪大，何时潮涨潮退，知道得一清二楚。这样，很自然成为外国轮船进入广州最理想的引航员了。

“带水”生意越来越多，又增加了邓、黄、张三个带水家族。外国轮船来到珠江口，会派人到“带水佬”集中居住的地方，请他们引航；老婆仔女就摇着小艇，将他们送到轮船上。凭着丰富的经验，将轮船引到广州黄埔港及洲头咀码头；卸装货物后，又将轮船带出广州，送到香港和澳门，收取丰厚的酬劳。

从广州黄埔港到垃圾尾岛（后改名为桂山岛）是 64 海里（1 海里＝1.852 公里），到澳门是 68 海里。“带水佬”引千家船，食百家饭，一个藤篋，两件替换衫，风里来雨里去，长年奔波在这些航线上。过去往来省港澳的定期航班“升昌”“恒昌”“海刚”等客货轮，都是由他们引航的。为方便生意和往来，带水家族在香港、澳门都设有居住点。在香港一般住在大铲岛，后改住垃圾尾岛。在澳门，李氏家族住十月初五街，以及壕江交通码头的金星艇上。

鸦片战争以后，外国侵略者强迫清政府签订“南京条约”“虎门条约”等一系列不平等条约，我国逐渐丧失了海关权、航运权和引航权。上海、宁波等各大港口，船舶引航全部由外国人盘踞把持，唯独广州仍由中国人自己操控，家族式的“联盛引水工会”，一直延续到广州解放前，这确是一条独特的风景线。

2. 凑钱到香港学英语

家族式的引航业，引航技术只传子侄，不传女，不传外人。家族中的男丁，十四五岁就被送到轮船上，跟随父亲叔伯学本事，从“细路”做起，烧锅炉，做杂工，只有饭吃，没有人工费。不少人跑过远洋，做过舵手、大副、船长，有丰富的航海经验。引航员须与外国人打交道。经过实际锻炼的男丁，家族认为可以培养成引航员的，叔伯兄弟便凑钱送他们到香港学英语。“带水佬”文化不高，但人人都会讲一口流利的英语。引航学徒都有“联盛引水工会”发的一本小册子，每个航次完成后，由船长在小册子上做出评语，写上意见。经几年磨炼，引水工会认为可以胜任了，才发引航员资格证。

每个“带水佬”都有“花名”，如“大班根”“大头成”“大生开”“皇帝”“太子”“大鸡六”“带胜爷”等。不少“带水佬”的老婆也有“花名”，如“神经二”等。船主们只知“带水佬”的“花名”，不知其真实姓名。

上海等港口的引航权被外国人夺走后，英国皇家海军学校便派人去港口测水道、疏航路、放浮标、制海图，派外国人对船舶引航。而广州直到解放前，珠江航道许多地方都没有人工航标，更没有海图，船舶引航全靠“带水佬”去完成。

引航标志就是肉眼看到的山头、巨石、大树、村落、岛屿等，以此确定船只的位置方向，并化成海底概念，模拟海底状况。船只到什么地方了，水下有没有大石旋涡，水深是多少，只看水上相应的自然景物就知道。家族内的“带水佬”经常聚在一起，交流情况，总结心得体会。“大交椅出南了避崩山石”“斜西入石龙沙头转向要点”，这些只有他们才明白的，实践中总结出来的一个个口诀，就是他们的海图，一代代传给子孙。

每个带水家族，都有一本经反复摸索整理出来的“潮汐表”，是家族的绝密资料，只供内部使用。“带水佬”通过反复默背，对珠江水道的潮汐变化了如指掌，新历、旧历任何一天的每个时辰，潮水涨退、水位高低，闭着眼睛都能讲出来。

过去的“带水佬”年纪不大，已是身经百战的水上指挥员了。“带水佬”李德就（花名大班根）之子李炳洪，十多岁跟父亲到船上，做“细路”，学引航。广州解放前三个月，李德就带着李炳洪，将大型船只“天翔”号引入广州，行至新洲海面，李德就患急病，用小艇送去医院。这时忽然天昏地暗，刮起狂风巨浪。李炳洪当时不到 20 岁，凭着多年经验，果断指挥船长，将“天翔”号安全引入广州港口，避免了一场可能发生的触礁事故。此事当时被传为佳话。

现在的大型轮船靠泊码头，是用专业拖船在引航员指挥下，将船“顶”到码头的。旧时轮船泊码头没有专业拖船，靠引航员指挥船只前后左右移位。十分紧凑的情况下，指挥船长三下两下，就将轮船靠泊在码头的两只船中间，船屁股和另一只船的屁股紧挨着，两只船的尾旗可以绑在一起。

“带水佬”每家都设有神台，香火长年不断。“带水佬”的藤篋内常放有“元宝蜡烛香”，引航时每遇风急浪大、天气突变，他们都会点燃香烛，扔入大海，祈求龙王爷保佑。

由于引航收入高，长年四海为家，旧社会大多数“带水佬”都有两个老婆，有的有三四个。“带水佬”出意外，家族其他成员绝对关照他的遗孀和子女。他们也染了些旧社会的恶习，比如赌博等，族内兄弟聚在一起也赌。他们有时也搞点走私，在香港、澳门带回一些布匹、白银等，装在密封的铁桶里，扔到指定江面的接货地点，收到的钱塞到腰间特制的皮带里，一旦有土匪上船打劫，就跳水逃生。

3. “带水佬”对日寇最痛恨

1938 年 10 月广州沦陷后，往来广州的轮船全部停航，广州“带水佬”全部失业，陷入绝境。有的卖儿卖女，有的被日寇杀害。

“带水佬”李如枝（花名大鸡六），带着侄子李土胜（花名皇帝）流浪到湛江，在一只货船上打工。一次，船刚驶出湛江港，遇到日机轰炸。两叔侄分开隐蔽，李如枝藏在船首锚洞，李土胜藏在烟囱附近。日机首先轰炸烟囱，将李土胜等多名船员炸死，李土胜被抛入大海。李如枝后来雇人寻找，捞出李土胜发胀的尸体，在湛江草草埋葬。新中国成立后，李氏家族将李土胜骨骸运回广州，安葬在长洲深井井头岗。

引航学徒李广祥，十多岁就跟着伯父李开（花名大生开），在“升昌”轮上学引航，做过锅炉工、甲板杂工、舵手（此船舵很重，须两人操作）。日寇占领广州后，“升昌”轮停航。李广祥很有天分，下图是他1936年十多岁时所画的广州至澳门定期班船“升昌”轮，当时他在船上做“细路”。此船后来在香港大屿山触水雷沉没。李广祥跟随母亲到海珠区小洲村，在东莞人开设的糖寮砍甘蔗，做杂工。1940年年初，日军以搜查武器为名，袭击小洲村，将青壮男丁囚禁在祠堂内，严刑拷打，并开机枪扫射，杀死了包括李广祥在内的19名青年。当时李广祥仅20岁。

“升昌”轮（李广祥画）

在深井岛，李马特还向我们讲了两件事——一件是，李马特当“带水佬”的外公因失业，在现在的深井渡轮码头开了间铺头仔。因深井岛村民经常反抗驻岛日军，日军对他们也特别仇恨。一次，日军说外公卖盐给村民（日军不准向村民卖盐，想制死村民），将外公脱光衣服，用花篮桶灌水，肚子被灌满水后，又用竹升将水压出来。外公被反复折磨后，日军用巡逻艇将他拉到黄埔港，扔到海里去了。另一件是，因日本人将香港、澳门至广州的航道全部封死，做引航员的阿爷，只好带着全家到澳门打工，阿嫲就在澳门的金星艇（一种拖船）帮人洗衫、煮饭，养活四个子女。后来无法维持生活，只好将名叫李子、年仅一岁多的最小的儿子卖给别人。新中国成立后李氏家族多方寻找，

1985 年终于在广州“带水街”附近找到李子，此时他已是 40 多岁的人了。

提起日本人，“带水佬”和他们的后人就会咬牙切齿。“控诉日寇入侵广州，我们第一个带头。”他们这样说。

4. 新中国第一代引航员

新中国成立后，我国政府收回了引航权，取消了自由引航制度。广州的引航业务由广州港务局统一管理，新中国成立前留下的 20 多名“带水佬”全部被留用，转为国家公职人员，成为新中国第一代引航员。政府对他们的技术进行“赎买”，给予较高待遇，最高薪金每月 396 元，相当于当时国家领导人的工资。

引航既要保证船舶安全，又是国家主权的一种宣示。我国对进出中国港口的外国船只，一律实行强制引航。进入广州的外国船只来到桂山岛，必须挂起申请引航的“G”字旗；同意引航后，又须挂起红白双色的引航“H”字旗和五星红旗。这些饱经沧桑的新中国第一代引航员，身着制服，肩上扛着绣有罗经徽记和表示船长级别的四道横杠的肩章，登上外国轮船，代表祖国行使引航权，心中自豪感难以形容。

1950 年，香港招商局起义，中共华南分局书记叶剑英，指示将 13 艘起义轮船驶回广州。国民党撤退时，在珠江口布了很多水雷。以李伙为首的老一辈引航员，对珠江口航道非常熟悉，果断引领轮船从密集的水雷中穿过，将 13 艘轮船全部安全带回广州，为新中国的航运事业做出了贡献。

1960 年，我国从希腊轮船公司买进两万吨级的“光华”轮。当时，珠江航道和港口的各种设施，还难以适应这种大吨位的轮船进广州。这些引航员凭着经验将船顺利引回广州改装。1961 年印度尼西亚排华，这艘新中国第一艘远洋客货轮，13 次安全进出广州，到印度尼西亚接运多批华侨返回祖国，实现了周恩来“旗开得胜，万无一失”的要求。

1963 年香港闹水荒，香港政府每四天向市民供水一次，每次四小时。内地和香港，每天都派出多艘大型油轮，到虎门、莲花山、东江等水域泵取淡水，运回香港救急。

李伙是高级引航员，1954 年广州市第二届劳动模范。他 16 岁随父行船，跑过欧、美许多国家，引航技术高，经验丰富，责任心强，港务部门最难、最重的引航任务都交给他。他家住海珠区南华西街，但很少回去，买了一只小艇，泊在黄埔港码头边，和老伴在艇上吃、住，随时帮助别的引航员处理

李伙 1954 年参加广州市第二届劳动模范代表大会时获赠的铜鼎，盖子已丢失

工作中的问题。他在江边立了一根标杆，刻了十个小格子，每日测量潮汐，做记录，将过去李氏家族的潮汐表加以修改整理，毫无保留地让新来的引航员誊抄学习（引航部门至20世纪60年代还没有潮汐表）。

外国轮船对我国引航员十分尊重。引航员一上船，就以名贵香烟和高档食品招待，有的还给引航员美元。但李伙点滴不贪。一次，有个外轮船长看中李伙手上戴的一只玉镯，愿以5只欧米茄手表交换，李伙不同意，说“我们有纪律”。

李伙之子李志华，说父亲处处以身作则，给记者讲了三件事：第一件是，李伙是高级专家，黄埔港务局在珠江村后面的港湾新村，给他分配了三房两厅的新房子，他不要，仍住南华西街的小房子。第二件是，1968 年，李志华到深圳农村插队，那里的许多年轻人都偷渡去了香港。李志华也想去。有些人知道他的父亲是引航员，想通过他向父亲要一些边防资料，使偷渡更顺利些。李伙知道后，十分生气，将李志华关了三天，以示惩罚。第三件是，李志华初中毕业，李伙临近退休。当时规定，李志华如满 16 岁，可顶替父亲到港务局工作。但李志华当时只有 15 岁。李伙填写顶职报告时，有人劝他将儿子多报一岁，他不干。

然而，这些旧中国的“带水佬”，在“四清运动”和“文化大革命”期间，受“引航工作政治化”的全面冲击，老一辈引航员被说成是间谍、里通外国的特务，剃光头，挨批斗，挂黑牌游街，有的被迫疯，有的被开除。不少人被迫离职，永远离开了引航员队伍。好在这些已成为历史，今天，新的“带水佬”正为新广州贡献自己的力量！

（选自《羊城晚报》，原文作者何宜章、黄应丰，有改动。）

四、民国时期的从业者

1. 吴金祥等人加入上海引水公会的困难

1935 年，吴金祥、朱哲及何瀚澜三人得到机会，准许加入上海引水公会，以填补该会的三个缺额。当体检、考试等程序都一一完成之后，吴金祥等三人遇到了最大的障碍：钱。

按照上海引水公会的组织机制，每名成员平均持有公会的一份股份，所有股金组成了上海引水船有限公司的资本，用于引航船的维护、更新及公会其他日常支出。一名老引航员退休时，公会将返还其所持股份的本金和增值所得，而这笔钱则由新补充进来的学习引航员交给公会，以保证引水船有限公司及公会的正常运转。并且，这笔钱在学习引航员被吸纳进公会之初，就要求一次性交清。

对于吴金祥等三人来说，加入上海引水公会的最大障碍就在这里。当时这笔钱已经高达海关金元单位（Customs Gold Unit）25 000 元。这对于中国船员来说是一笔巨款。他们四处借款未果，最后找到了海关，由海关担保，总算向中国邮政储金汇业局借得了这笔款项。但海关担保的条件是，他们三人正式加入上海引水公会后，他们所持有的上海引水船有限公司的股权及所有获利，都转让给海关。此外，贷款的条件也比较严格：他们每人须先在邮政储金汇业局存入 12 000 元的保证金。贷款的年利息为 10%。他们成为上海引水公会的正式会员、开始有收入后，每人每月须归还本金 1000 元，每季度（或以其他合适的周期）付一次利息。在他们因病或其他不可拒因素导致停业期间，可暂不偿还本金，但必须照样归还利息。

尽管条件有点苛刻，但是吴金祥和朱哲还是答应了，他两人总算借到了钱，加入了上海引水公会。他们在上海引水船有限公司中的股份也让给了海关。他们的第 047、048 号股权证，存放在中国邮政储金汇业局，非经海关总税务司的许可，不准交与任何人，包括吴金祥和朱哲自己。

2. 林国杰被外国航运公司拒用

林国杰于 1929 年 11 月成为上海港学习引航员，1930 年 5 月 5 日考试合格，成为上海引水公会的正式成员。根据上海港务长的记录，1930 年 11 月 4 日，林国杰引领一艘轮船时发生意外，将日本邮船会社一处码头及停泊该处的一艘小型船舶撞毁。1932 年 7 月 6 日，他引领大英轮船公司“波登”号时，将另一艘轮船撞沉，这次他被停职两个月，以示惩罚。1933 年 2 月 20 日，他执行引领任务时，由于大雾，将另一艘轮船“微撞”，这次事故不大，被撞船长也未申诉。

1935 年 11 月 29 日，上海引水公会经理向港务长报告说，太古、大英、亨宝、昌兴等九家外国航运公司，都致信上海引水公会，表示拒绝雇用林国杰。公会经理称，这使公会其他成员分担了林国杰的工作，而林国杰却得到同样的报酬，成为“特权引航员”。因此，他建议将林国杰的执照吊销，另行递补其他中国引航员。

林国杰向港务长辩称：自己在担任上海港引航员之初，虽然显得有点紧张，但这是各行业初入门者常有的状况，此后自己的技术水平日益纯熟，还得到过一位外国引航员的极力称赞。他解释说，各外国航运公司的拒用，并非由于自己的技术水平不胜任引航工作，“实由于不公正之感情作用所致”，自己一人去留事小，“于我华籍参加权利之关系实大”，因而请求港务长秉公裁决。

林国杰的辩护有一定理由。上海引水公会经理提供的 9 家拒用林国杰的公司，以及它们致信拒用的日期如下：

1930 年 7 月 14 日　意大利邮船公司
1930 年 12 月 12 日　宝和轮船公司
1932 年 2 月 21 日　大英轮船公司
1933 年 3 月 21 日　大来轮船公司
1933 年 3 月 23 日　亨宝轮船公司
1933 年 3 月 25 日　北德意志轮船公司
1933 年 12 月 18 日　太古轮船公司
1934 年 5 月 9 日　日本邮船会社
1934 年 11 月 19 日　昌兴轮船公司

由上列时间可以看到，最早拒用林国杰的信，是在他刚刚获得正式引航资格才 70 天之后，那时他还没有出现过什么工作过失。1933 年 3 月，仅 5 天之内，就有三家外国轮船公司公然拒用他。这种情况的发生，其中一个原因可能在于，他的技术水平有一个逐步提高的过程，除此之外，也不能排除外国航商对中国引航员的偏见和故意歧视。这可以从后来的一件事情得到间接证明。1936 年 1 月，美最时洋行致函上海港务长说，最近该公司有人写了一封信给上海引水公会，表示拒用林国杰，但该信应视为无效，因为写信者并未经本公司授权。虽然有一两名船长对于雇用林国杰有意见，但该洋行从未打算彻底拒用某个引航员。

上述航商的拒用举动是否正当？江海关税务司对此也感到怀疑。但他并未对这件事进行深入调查，就做出结论说，“该会员不能执行其应尽职务，已成不可掩之事实”，并建议将林国杰的执照注销，另行选用别人补充他的位置。

虽然林国杰并未因此而被取消引航员资格，直到 1937 年年初还在执业，但他的九次被拒用却表明，在外国势力控制下，中国引航员就算挤进了上海港引航业，实际工作起来又将有多么困难！

3. 单独执业的伍德和斯多克

近代中国引航史上，有两种执业方式的引航员：一类是有组织的引航员，另一类则是单独执业的引航员。在上海、广州、天津及长江流域，由于引航员人数相对较多，他们往往以引水公会的形式结合起来。而在更多的沿海港口，由于引航员人数不够组织公会，他们便单独执业。这些单独执业的引航员的具体情况，又是什么样子呢？汕头港英籍引航员伍德和美籍引航员斯多克的个人资料，使我们对这些单独执业的引航员有了较全面的了解。

伍德（C. H. Wood）的个人经历不详，他从 1910 年起担任汕头港引航员兼验船师。斯多克（Stocker）则当过 7 年二副，又在美国海军服役 7 年，参加过美西战争，而后加入清朝海关，1917 年起成为汕头港引航员和船检师，此后一直干到 1937 年 11 月，由于日军大举侵华而失业，遂离开汕头返回美国。其间，他于 1913 年结婚，婚后有 6 个孩子，都在上海的美国学校里接受过教育，离开中国时，其中 3 个孩子仍处于学龄期。

到日军全面侵华时为止，汕头港一直只有这两名引航员。他们由海关港务长管理，但海关的管理很松散，只在有人投诉引航员，或这两名引航员之间有业务争端时，港务长才出面裁决。平时，他们两人分头自由承担业务工作。汕头港未实行强制引航，船方如果进出港要求引航，一般由当地的船方代理通知引航员，或由船只直接用电报告知引航员。有时船只到达港外铺地后便挂起申请引航的旗号，澳头信号台接收后将之转给港口信号台，后者于是打出同样旗号。接到这些通知或信号，引航员就按时出发去接船。有时候，船方偶尔会电告港务长为之指派引航员。港内靠离泊，港务长有时会直接指挥。

这两位引航员分别拥有自己的工作、生活设施和雇员。伍德拥有 3 艘机动艇，总共价值国币 25 000 元，还有一幢价值 5000 元的小屋。他雇用了 2 名轮机员、2 名甲板人员、1 名厨师、1 名保姆和 2 名杂工。斯多克更富有，他拥有价值25 000元的3艘机动艇、一个小艇避风池、滑车及其他工具，还拥有一幢二层的住宅，系砖块水泥结构，有17间房（包括侍者住房和储藏室），屋内家具完整，屋外另有厕所及储藏室，总价值达78 250元。斯多克雇用了5名当地的中国船员和4名当地侍者。

他们自己收取引航费，用于支付船艇保养、船员工资和伙食及家内支出，剩余的钱则自己留起来。1933年，当海关让他们报告自己的收入及其他情况时，他们都抱怨收入太低。伍德说，从1928年到1932年，他的总收入是77 921. 33元，所有的开支则占了63 810. 73元，5年下来，积蓄只有14 110. 60元，他认为“这样的积蓄大大低于服务25年后的退休补贴”。斯多克的收入可能更高，1932年他平均每月收入3300元，扣除2600元的月开支，这一年他就存下了8400元。但斯多克对此还不满意，与伍德一样，他抱怨带薪休假的机会太少。近17年里，斯多克只回国休假过一年。

在异域工作、生活了二三十年，这两名外籍引航员有什么感触呢？他们一致感到，引航工作承担着相当大的压力，包括体质和精神两方面的压力，引航员因而必须具有能力、经验和耐力。所以，斯多克主张，引航员的地位应该比商船船长略高一些，因为后者若受雇于组织良好的公司，其薪水是稳定的，工作时住宿、乘船和服侍都是公费的。而伍德和斯多克在汕头港从事这种“严峻艰难”、令人“神经紧张”的工作，却无法保证一份稳定的收入，也无法承担回国休假的费用。对此，他们是不满意的。尽管如此，他们还愿意照样干下去，只希望能在失去工作能力之前，挣到足够的积蓄，然后退休回国，安度晚年。不过，现实将可能让他们感到失望与无奈。日军的全面侵华迫使斯多克提前离开了汕头港引航业。剩下伍德一个人，日子也不好过，从1937年9月15日到次年5月15日，9个月里他总共才引领了78个艘次，引航费收入才7279. 58元。太平洋战争爆发后，伍德被日军拘捕，送往香港集中营。至此，他们原先的愿望看来完全落空了。

伍德和斯多克的工作和生活状况，以及他们在20世纪30年代中后期的境遇、不满与期待，基本代表了沿海港口单独执业的外籍引航员的整体状况。他们当然是凭着不平等条约的特权，才得以在中国自由地从事这一职业，而且相对于那些19世纪的“先驱者”而言，他们的工作和生活条件都大有改善。但是，他们适逢20世纪30年代中国的动荡和灾难，以及中国引航业民族化的大趋势，他们的个人命运又显得不那么理想：先是中国政府着手收回引航权，让他们受了一场小小的惊吓。而后日本人的入侵，却真的结束了他们的工作机会。再后来，条约特权被取消，他们便永远失去了在中国重操旧业的合法性。这正反映了时代趋势与个人机缘的一种复杂变奏。

（选自《中国引航史》，原文作者徐万民、李恭忠，有改动。）

五、“瓦良格”号大型拖航船队通过土耳其海峡

1. “瓦良格”号拖航背景

“瓦良格”号是一艘苏联解体后资金链断裂，无法继续建造的废旧航母。该船长302米，宽70.5米，吃水10.5米，排水量55 000吨，满载排水量67 000吨，甲板长300米，宽70米，舰上已安装有4台蒸汽轮机，4根轴总马力为20万匹，航速可达30节左右。

1999年7月，由澳门创律旅游娱乐有限公司购买，拟改装后作为海上酒店使用。但由于某种原因土耳其伊斯坦布尔港口管理部门不允许“瓦良格”号拖航船队通过土耳其海峡，海事当局理由是虽“瓦良格”号姐妹舰曾多次通过海峡，但其有自航能力，而“瓦良格”号无自航能力，需配备多艘大马力拖轮拖航通过，一旦拖航失控撞向岸侧，造成海峡两岸古建筑损坏，后果不堪设想，损失无法弥补。因此，“瓦良格”号只得在一艘远洋拖轮拖带下在黑海滞航一年多。

土耳其海峡由博斯普鲁斯海峡、达达尼尔海峡，以及两者间的马尔马拉海组成。东北端的博斯普鲁斯海峡长18海里，可航水域宽0.45到0.7海里，最狭处0.4海里，南口门宽0.7海里，北口门宽1.6海里，水深11米至40多米。西南端的达达尼尔海峡长35海里，可航水域宽1.5到2.0海里，最狭处0.7海里，西口门宽1.8海里，航道宽0.8海里，水深80米左右。两海峡间的马尔马拉海航程约110海里，自黑海进入博斯普鲁斯海峡东北口，然后通过土耳其海峡抵爱琴海的总航程约163海里。此外，博斯普鲁斯海峡航道分别有73度和79度的两个大弯头。且要通过两座大桥（苏丹大桥与伊斯坦布尔大桥），大桥高为64米，达达尼尔海峡航道中还有一个弯头达到76度。根据对土耳其海峡航道水域分析，通航条件并不差，只要配备足够马力拖轮，拖航平均速度在5节左右，完全可以顺利通过海峡。

类比上海黄浦江航道，陆家嘴航道弯头有 110 度，10 米深水水域宽度不足 0.13 海里。董家度弯头有 55 度，而可航深水水域仅 0.11 海里左右，且航道边界线侧码头上靠有船舶进行装卸作业，故实际可航水域不足 0.11 海里。上海港引航员多次利用拖轮拖带不能自航的故障万吨级重载船进口，在海事管理部门进行了一些必要的安全管理措施后，每次都能顺利拖航进口，未曾发生过事故。可见土耳其有关部门不允许“瓦良格”号拖航船队通过土耳其海峡的理由并不充分。

2. 中土两国专家研讨会

我国有关部门多次与土耳其有关方面交涉无果后。我国交通部决定组织一个专家组赴土耳其伊斯坦布尔与有关部门商讨研究拖航船队通过土耳其海峡的可行性拖航方案。专家组有原部救捞局局长宋家慧船长任组长，成员有原上远海监室主任陈忠船长，上海救捞局袁国民船长和上海港引航站资深引航员陈文忠，共四人组成。

中国工作组在土耳其海峡

在正式研讨会面前，我国专家组已向伊斯坦布尔海事局提交了一份有关“瓦良格”号大型拖航船队通过土耳其海峡的拖航方案，经计算在不同拖航速度下的阻力、所需拖轮马力配备及船尾拖轮马力配备，在不同航速下尾拖轮倒拉被拖轮船制动距离及所需制动时间，以及如何通过海峡及航道中几大弯头的操作方案。

正式研讨会由伊斯坦布尔海事局长主持。会上土耳其引航员强调大型拖航船队通过海峡非常困难，几乎是不可能的，并提出我国专家组事先提交的方案在土耳其海峡不适用，会上也没有给专家发表专业意见的机会。而实际上，即使在土耳其，也有很多相关咨询机构认为我国提出的方案可行，如果船队不能通过海峡，将是土耳其航海界的耻辱。

之后，经我国有关部门积极努力交涉，伊斯坦布尔海事局终于同意通过海峡方案，但提出了较为苛刻条件：视程大于5海里，风力小于5级，流速不大于3节，拖航船队必须全程白天通过博斯普鲁斯海峡和达达尼尔海峡，并明确拖航船队通过海峡安全责任由“瓦良格”号船长陈忠负责。

3. 积极准备拖航各项工作

此时天气渐冷，即将进入冬季，各种恶劣气象条件若频繁发生，则将会严重影响拖航船队通过海峡的安全。工作组迅速在附近港口寻找能在最短时间内驶抵伊斯坦布尔的大马力拖轮。

在对方要求在被拖船“瓦良格”号上安装电罗经和雷达、VHF等电子设备后，大连造船厂唐副厂长带领工人及技术人员火速抵达伊斯坦布尔，上船安装发电机。但“瓦良格”号船体钢板特殊，一般电焊条不能使用，工作组寻遍整个伊斯坦布尔，终于找到可用电焊条并按照对方要求完成了各项安装工作。

为了及时掌握气象条件，引航员陈文忠住在我国雇佣准备作尾拖的大马力俄罗斯拖轮“NIKOLAY CHIKER”上。该拖轮总长99米，制动马力24 480匹，系柱拉力248吨，船上设有直升机平台。陈文忠每天要求船方按时收听天气报告及接收气象传真图，再根据气象图分析附近水域天气情况。对气象图上等压线密度及船上收到气象报告进行分析后，每晚向工作组汇报海面气象状况及最近是否会有恶劣天气发生。

陈文忠在海上

不久，对方要求拖航船队在通过海峡前在黑海做拖航试验，于是安排长63.4米，宽14.7米，10 000匹马力，系柱拉力120吨的拖轮“HAVILA CHAMPION”作为主拖，拖艏，“NIKOLAY CHIKER”拖尾。船首左右各带一艘4000匹马力（系栏拉力50吨）的平旋推进拖轮。船尾左右各带一艘4000匹马力（系柱拉力50吨）的全回转拖轮。远洋公司安排了8名船员（其中两名高级船员）上“瓦良格”号，分布在各有关岗位上。对方又提出系带拖缆必须利用长8米左右的带缆艇出海到黑海进行带缆，如气象条件不允许带缆艇出海，则必须等待气象条件允许时再进行。

终于，测试在2001年10月23日完成。拖航船队左右旋回灵活性、角速度、尾拖轮拉住正在前进中拖航船队制动时间等测试记录与我们提送的报告基本接近，虽试拖航中发生过断绳事故，但总体顺利。土耳其海事部门表示满意，一旦气象潮流条件满足要求，同意拖航进港。

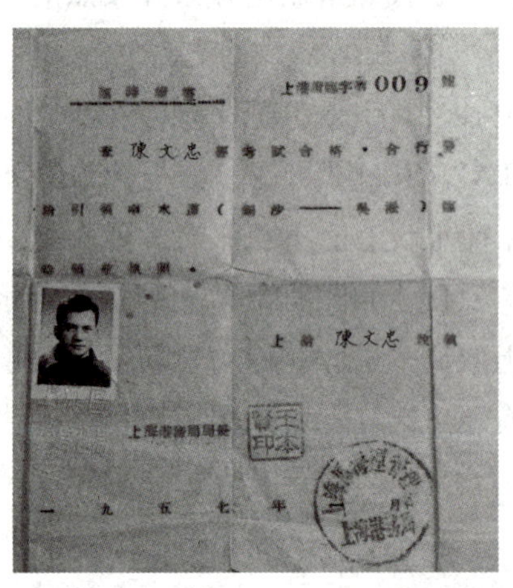

陈文忠1957年1月的临时引航证

4. 拖航进港通过土耳其海峡

2001年11月1日，星期四，天气晴。黑海海面平静，偏南风4～5米/秒。预报11月1日6时30分至11月2日6时30分，南风2到4级。

主拖及尾拖轮早已带妥，按海事当局批准计划拖航船队进港。11月1日6时50分在博斯普鲁斯海峡东北口门外约5海里海面，两名引航员登轮，并开设系带船首、尾拖轮。10时15分，右舷平进口灯塔，拖航船队正式进入博斯普鲁斯海峡。当时首拖轮使用主机50%马力，拖航速度3.7节。

拖带“瓦良格”号的拖船

根据工作组安排，宋家慧为此次拖航的总负责人，陈忠为“瓦良格”号船长，在大船上配合引航员指挥拖航船队进行安全拖航。袁国民和陈文忠作为陈忠船长顾问，袁国民被安排在首拖轮上配合船长确保拖航速度及船队稳定性。陈文忠被安排在尾拖轮上，一旦前方遇到意外紧急情况，配合船长在最短时间和距离内把前进中的拖航船队拉停。

11 时 39 分，拖航船队以 3. 7 节拖航速度安全通过 73 度弯头，12 时 32 分以 3. 2 节速度通过 79 度弯头，13 时 12 分和 13 时 58 分以 4 节速度分别通过苏丹大桥和伊斯坦布尔大桥，14 时 50 分以 4. 4 节速度右舷通过伊斯坦布尔南口灯塔进入马尔马拉海。

在马尔马拉海航行，拖航速度 5. 5 节，马尔马拉海航程 110 海里，约需拖航 20 小时，一旦不能在 11 月 2 日 11 时前进入达达尼尔海峡，就不能达到土方白天全程通过海峡要求。于是工作组安排船队租用“SOLANO”拖轮到“瓦良格”号船尾进行顶推，拖航速度上升到 6. 3 节（在马尔马拉海最快拖航速度曾达 7. 4 节）。11 月 2 日 9 时 15 分解除船尾顶推拖轮“SOLANO”，令其进行护航。11 时以 5. 8 节速度进入达达尼尔海峡。14 时 43 分以 4. 9 节拖航速度安全通过 76 度弯头。17 时以 6. 7 节拖航速度安全驶出海峡进入爱琴海。最终“瓦良格”号大拖轮船队以 30 小时 45 分钟时间安全通过海峡。在此期间引航员通过土耳其海峡拖航操作与专家组提供方案基本相同。

此次“瓦良格”号大型拖航船队通过海峡时，土耳其港口当局先后共安排了各类船舶 23 艘与拖航船队同行，船队上空有 5 架直升机盘旋，拖航船队上的人们能够清晰听见海峡两岸消防车、警车的鸣笛声，岸上观看人群人山人海。据说比土耳其国庆节还热闹。隔日各主要报纸以头条新闻报道，并且有大幅拖航船队彩照。

2003 年 3 月 4 日，“瓦良格”号最终抵达中国大连港。2005 年 4 月 26 日，“瓦良格”号被拖进大连造船厂进行改装建造，并最终发展成为中国人民解放军海军第一艘可以搭载固定翼飞机的航空母舰——“辽宁”舰。

第二节 工作风采

一、姚泽炎：船在我心中

2008 年 1 月 8 日，对于中国引航来说，是一个值得永远铭记的日子。

这一天，中国引航协会在北京正式成立。在成立大会上，姚泽炎向全社会宣读了中国引航员服务公约。

姚泽炎曾无数次走上全球巨轮的驾驶台，而这一次，他是代表全国 1400 名引航精英，在演讲台上一展风采。

引航员姚泽炎

他始终充满自信，面带微笑。“我是改革开放以后中国自主培养的第一批专业引航员，亲身经历和见证了中国引航事业的发展和壮大……”掌声响起。“当五星红旗和引航旗在外轮桅杆上庄严升起的时候，我以能成为一名中国引航员而感到无比的光荣和自豪……”掌声再次雷动。

北京归来，“全国五一劳动奖章”获得者姚泽炎没有停歇，他穿起制服，背上背包，又站在了他熟悉的驾驶台上，在穿梭的船流中瞭望，引航……

1. 他在世界最复杂航区安全引航 23 年

滚滚长江，黄金水道，大小型船舶如过江之鲫，穿梭不息。长江江苏段是世界上通航密度最大的水域之一，日均船舶流量超过 2600 艘次，部分航段高峰时可达 5000 多艘次。大型海轮航行在弯曲狭窄的航段，险象环生。长江引航员们，每天都在这条紧绷的长江之弦上奔忙。一次瞭望不清，一次判断失误，一次舵令不准，随时可能导致事故发生。而更让引航员们感到如履薄冰的是，那些千百年来打下了“抢过大船头，一年不用愁”心理烙印的小型船舶主们，尤其是到涨潮时，它们会指不定从哪里冒出来。几千艘小型船舶鱼贯而入，黑压压一片。

小型船舶让了一艘又一艘，这时，徒弟们心里总是发毛。

“没事，没事！”，在大风大浪中，姚泽炎驾船却似闲庭信步。

有一次，姚泽炎开着一艘希腊船驶向南通港，“怎么有这么多船！”老外船长惊得闭上了眼睛。可他依然是那句老话：“没事，没事！”

长江，潮起潮落；他，波澜不惊。“这是因为，船到了他手上，就像是融入了他的心，船体成了他的四肢，他的想法和意识立马反应到船的动作上，招招见准”。令徒弟王强折服的是，他能通过雷达、AIS、目测，迅速确定船位，能准确判断出什么时候追上前面的船，追上的时候会出现什么危险情况，在什么地方追，会不会会船，是否有小型船舶打岔，他甚至能精确到每一分钟。

他对长江航道的熟悉程度使他揽得了“活海图”的美誉。在他的小本子上，记录着潮汐、气象、航道、水流、各个码头的地形、地貌数据等内容。从吴淞口一直到南京，全长 300 多公里的航线上，他采集的数据有数千个，都深深地印在了他的脑海里。他还爱钻研雷达、GPS 等现代化设备，用简捷的方法解决引航员船载单元电子海图航标移位不能进行及时修正的问题。“他的雷达技术在引航员中来说可能无人相比！”连他的师傅对这点绝活也是赞不绝口。

在引一艘长 225 米的超大型货轮时，主机突然失灵，巨轮正撞向浅滩。外国船长和船员们大惊失色！而他当机立断，操舵，拖锚，掉头，避免了一起撞船搁浅事故的发生，也征服了外国船员。“巨轮失控还能安全抛锚，真是神了！”众人一阵啧啧称赞。

船的活动瞬息万变，如何有效避让，他临门一脚，总能确保有效。多少个夜晚，他去引航；多少次攀缘，他在巨轮上高悬的绳梯上飘摇；多少个团圆的日子，他坚守在异国浮动的国土。长江上引航 23 年，他将来自 60 个国家和地区的 6000 艘次中外船舶送到大地母亲的怀抱，创造了 23 年安全航行 60 万公里“零事故”的引航奇迹。他还带领技术小组潜心研究了“姚泽炎安全引航操作十诀”，在长江上生根开花，多次排除重大险情，避免了数亿元的经济损失。

“常在河边走，还能不湿鞋？23 年来真没出过事吗？”“没有，一直没有！”他的回答很肯定，也很自豪。也正是这一点，注定他的故事能在引航界成为传奇。

2. 引一艘船，就像做一件艺术品

上了驾驶台，就进入了一个国际环境。

姚泽炎一上船，便能与国外船员一见如故，即便是看到又破又慢的船也从不会发牢骚。“除去浮躁，才能做好引航员，不管什么船，我上去后就有一种融入家的感觉。”

“融入家的感觉”，这话说来轻松。有时，一个星期不能回，他对家人总有些亏欠，但他还是将对父母妻儿的爱移到了引航的船上。

上船后，他会很细心，观察着周围的一切事物。

每次开船前，他都要特别留意国旗和引航旗是否升上了桅杆。有时，人家会忘记，他会客气地说：“请您将五星红旗和引航旗挂起来。”有一次，因外籍船员疏忽，国旗没有升到桅杆的顶端，他理直气壮地提醒对方：“您的旗帜还差一点点。”对于这位时刻不忘尊重国家主权的引航员，老外们都很敬佩。

有时，远洋的国外船员历经台风，身心都承受过很大的压力，说话可能会粗野一点。而他总是声音柔和，丝毫不见生硬，以一种海纳百川的心态来融化对方。有时，老外有些特殊的体味，年轻的引航员可能会表现出烦躁，但他不，他依然是彬彬有礼，泰然自若。对船东，他讲诚信，说老实话，做老实事，说什么时间能抵港就能保证什么时间抵港，偶尔有稍微推迟的现象，他就会很内疚，而且不容忍自己再出现同样的问题。航行时他尽量将便利让给别人，如果自己开的船吃水很小，他会将船抛在一个吃水最适合的地方，将水深的地方让给大型船舶。“孙中山先生讲博爱，有了爱心就会时时为他人和他船着想，也就能心平气和地接受自己的工作”。所以，只要他引航，船上总是很和谐。

“如果电脑同时运用几个程序，就容易死机，超越名利可以使我的内心保持平静。”在姚泽炎的世界里，运行的仅有一道程序——引航。所以他专一、心细。船离码头前，他总能提前一刻钟到，前前后后看看船的系缆状况、潮汐、周边环境。在开船靠码头时，他像在绣花，一针一线，每个技术都衔接得天衣无缝。

引航多年，他还有一个习惯，总喜欢将甚高频电话悬在腰间，大伙儿说他是“随身听”不离身。即便是到船上餐厅吃饭，哪怕是有两位引航员在驾驶台，他也随时听着船舶的动向。引航员在驾驶台前，有什么情况会在甚高频中联系其他船，当他听到甚高频中的通话，就掌握了江面发生的情况。而且，引航员遇到麻烦时可通过甚高频随时叫到他。

“引一艘船，就像做一件艺术品”。这是大家对他引航风格最精辟的评价。他精雕细琢地从事引航工作，因此他做引航才能那么的出色。韩国籍“美景”轮船长看了他的引航技术，感觉他没有一丝浮躁，将中国人的谦和平易表现到了极致，称赞他为“NO. 1 pilot in China”。

在长江上长时间的引航其实很容易让人感觉到枯燥，但他不这样认为。“每天上不同的船，见到不同的人，我们提供好的服务，人家感激我们，而且不同的挑战被化险为夷，就有了成就感。”这就是他的人生哲学。茫茫江水是他的舞台，艘艘巨轮是他的指挥棒，在这里，他可以演奏出一曲大江与大型船舶的人生交响乐。

3. 我为大港引大船

“他很稳，非常稳！”徒弟们对姚泽炎的引航技术都极为佩服。“即便船本身是快船，在上海宝山登轮已是八点了，甚至更晚一点，他不会想到早半小时到家，而是考虑船的绝对安全。”

有人会认为，他是不是开船心里没底，怕出事，会不会影响到码头和船舶效率。他不是，该快时他绝不会慢。

新年来临前的最后一天，吃水10.2米的“祥云”号装载满满一船散装水泥，靠泊在苏通大桥上游码头准备离泊出口，他登上了船。

“宝山不交接了!”此时风高浪急，一名引航员提高嗓门叫了起来。“哦，两艘拖船都来了，手续都办好了，再不走就出不去了!”此时，专用航道正在落潮，他明白，若再磨蹭一会儿，船出漕就可能会搁浅。“你帮我在甚高频里面听着，观察一下情况，我引航。”他果断地说。

此刻，按引航规定他完全可以不出航，但这样，货主、代理方、码头都将蒙受不小的损失。对于码头方来说，这艘船走后其他船可以靠过来；对于船东来说，船开出去后就没了后顾之忧；对于代理来说，拖船已到港，即便是不拖船离港费也得照付。

然而，随后麻烦却接踵而至。

当时风在吹，浪在吼，重载船掉头非常困难，就如一个球在水上来回吹，他以高超的技术控制了“球”的方向，好不容易才驶出专用航道。

船一路上行，因在宝山无人交接，顶着大风成了漂流的“鲁滨逊”，他必须找个锚地抛锚。然而，这么一艘大吃水的船在长江找到合适的锚点绝非易事，费尽周折，他终于在锚泊的船群中找到宿地。

抛锚后，因风浪大无法下船，结果他被关在船上整整24个小时。“机器太响，吃不好睡不好，为什么要冒这个险?”徒弟埋怨他。“安心休息吧，既来之则安之，我们如果不引这艘船，人家要损失数十万呢!”此情此景，他依然是为对方着想。

引大型船舶，他就是一枚印章，南通的“大船经济”留下了他的印记。

2000年9月28日，吃水达11.78米的“华裕”轮由姚泽炎引入，为船方节约船期费30万元，为港方节约减载过驳费3000万元，开创了南通口岸进大型船舶的先河；

2002年12月9日，中远川崎承建的30万吨VLCC巨型油轮“中远川崎11”号，由他引领试航出厂，为南通“造大船”战略奠定了坚实的基础；

2003 年 12 月 7 日，高度达 100 米的海上钻井平台“勘探 3”号，由他带队拖航进南通船厂修理，拓宽了中远船厂的修船领域，扩大了中远船厂在国际上的影响；

2006 年 3 月 6 日，南通港闸船厂承建的“三星 2”号驳船，最大宽度达 92 米，由他参加引领拖带出江，创造了出江最宽船的新纪录，使南通民营企业走向世界迈出坚实一步。

“引大型船舶进江，有一艘船出了事故，就等于给更大的船进江画上了句号！”所以他非常清楚肩上的重量。23 年来，他引航船舶 6000 艘次，引领各类特种船舶 800 多艘次。

在南通港口史上，当一个个“造大船”“修大船”“引大船”的纪录被刷新时，总能看到他的身影。航运人士称他是“长江对外开放的排头兵”，而老外则称他：“这是一个了不起的中国人！”

4. 把世界引进长江，把长江引向世界

作为改革开放之后第一批引航员，姚泽炎伴随着中国引航事业一同成长。“那时，即便是中国引航员上了船，老外船长也总是投以怀疑的眼光。”而如今，外国船长会惊诧地说：“中国引航员真棒！”他为中国引航事业而自豪。

他年均工作不少于 340 天，平均每天工作超过 10 小时。迎来送往中，对于这个方寸之间的异国驾驶台，他便有了一种无法割舍的情感。

2001 年 2 月 22 日，他在执行任务时不慎摔了一跤，髌骨骨裂。为避免调换引航员耽误船期，他强忍剧痛，硬是把“安克丸”轮引出了长江，而后，又将“希望艾斯”轮引至南通，保证了船期和港口生产，避免了近十万美元的损失。

而事后一个多月，他带着爱人来到站长办公室。“不在家休息来站里做什么?!”辅站长问。“我想上船。”

“不行！伤筋动骨一百天，一定得休息。”辅站长很坚决。

“我已经好了，我和爱人一道写保证书总该行了吧！”他很执拗。

望着他还绑着的绷带，站长的眼睛湿润了。但他明白，对于这样一个将事业看得比生命还重的人来说，唯一的选择只有应允。

大江东去，巨轮西行。他的事业在长江上，他又重新回到了属于自己的引航世界。

“今年南通首次吞吐量突破亿吨，首次外贸运量突破两千万吨，这是我们南通口岸开放20多年来的两个首次，这包含了姚劳模和所有长江引航员的默默奉献。”对于他的贡献，南通市口岸管理委员会副主任陆晓建深有感触地说。

姚泽炎清楚地记得，1983年5月7日，长江引航员将首艘外轮“日本商人”号引入张家港，掀开了长江对外开放的序幕。在此后的25个春秋里，他们共引领了中外船舶26万艘次。有进江最大达50万吨的“海上世界”轮，有最长达378.4米的“福克2号”轮，有最高达118米的“振华6号”轮，有吃水最深达11.78米的“华裕”轮。在长江航运史上，他们开创了一个又一个新纪录，树立了一个又一个里程碑。2007年，长江引航再创新高，为长江引领大型船舶首超3万艘次。

外轮进江，迎见的第一个中国人是引航员，外轮出江，相送的最后一个中国人也是引航员。一艘外轮就是一块浮动的国土，而他，成了连接世界各国和中国长江的桥梁。

因为代表“第一国门形象”，他有一道防线，多少年来无人能破。外轮船长出于礼貌会送点烟和酒甚至小费，这在国外是司空见惯的事，但他却偏不领情。“不该拿的决不能拿，不能为一点私利丢了中国人的脸，给长江引航员脸上抹黑！”他说，把外轮从一个地方安全地引到另一个地方，自己的目的就达到了，其他也就无所谓了。

“引航引了什么？仅仅是引入了经济和安全吗？”人们不禁会问。不，从姚泽炎身上，你能发现，他引领的是一种现代交通业服务长江流域经济的良好形象。“我离不开引航，因为船在我心中。”他的话超乎寻常的质朴，道出了一种人船合一、爱岗敬业的精神内涵，这成就了他杰出的引航人生。上级为他总结了四种精神——吃苦耐劳、精益求精、竭诚服务、协作和谐。因为，他将希望、梦想和全部的爱毫无保留地献给了长江引航事业。

寒冬，长江上突然飘起了如絮的雪花，入水即化。雪花，就像姚泽炎，融入了浩瀚的长江，也融入了这一生一世的事业。他深深地哈了一口气，像往常一样面带笑容，背起背包，走向远方的巨轮。耳畔，歌声正响——“千万次启航坚定一个梦想，把长江引向世界，把世界引进长江……”

（选自中国水运网，原文作者华曦，有改动。）

二、张锁珍：温总理说我是“宁波港的见证人”

改革开放前，宁波港口货物的年吞吐量仅为 214 万吨。1978 年 1 月 10 日，宁波港北仑港区 10 万吨级码头主体工程动工，宁波港一步步从三江口移到镇海甬江口再到北仑深水港区，成为内河港、河口港、海岸港相结合的重要港口。1979 年 6 月 1 日，国务院正式批准宁波港对外开放，标志着宁波对外开放的起步。同年 9 月 26 日，新中国成立后第一艘来宁波的外籍船——日本“湖山丸”号到达宁波港，担任那艘船的引航员就是张锁珍。

1968 年，张锁珍从大连海运学院（今大连海事大学）毕业。当时他学的是航海驾驶专业。按照学校原来的分配，他应该在那一年到上海海运局报到。

引航员张锁珍

他本来很高兴能去上海工作。上海是大城市，街景繁华；上海的海运工作又亟需出身专业学院的年轻人，他刚好学以致用，可以大展拳脚；更重要的是，他打算在那里和爱人团聚——张锁珍的爱人就读于上海华东纺织工学院。正当他憧憬着上海的美丽生活时，爱人分配到了宁波。

如果不能和所爱的人生活在一起，城市再美也不就像是空的吗？三思之后，张锁珍决定和爱人一起来宁波。为此他找到分配到宁波的同学，商量着换单位，进宁波港务局。

当时的宁波港主要是内河港，不成气候。跟张锁珍换工作的那个同学一听，乐得都快跳了起来，连忙答应下来。张锁珍则垂头丧气，走到萧条、破旧的码头边，觉得未来英雄将无用武之地。

他说：“我做梦也没想到宁波港会有今天，能从一个无名小港发展为世界级的大港！”

刚工作的前三年，张锁珍当了三年水手。他当然没想到，摸爬滚打的船员经历会对他日后的工作有所帮助。1971 年 10 月，他开始从事引航工作，一干就是 37 年。

船只在进出一个港口前，首先要在船只停泊区域等候，等待当地的引航员前往引航。引航员上船后会询问该船只情况，并就当地港口的有关安全航行问题，向船长提出建议和忠告，实际上是代替船长操纵这艘船。于是，有人常称引航员为船长的“船长”。引航貌似是一个暂时性的行为，但绝对不能小看。张锁珍认为它起码有两个职能：“引航员不仅对保证船舶安全航行，保证港口的作业效率，保护港口水域环境起着关键作用，同时，还代表了一个国家的主权，代表着一个港口的形象，可谓政治意义重大。”

然而，以前的宁波港条件差，航道水浅，以浮码头为主，只有一段 80 米的水泥码头。水泥码头比较结实，浮码头船靠快点就会损坏。再说当时宁波港还没有对外开放，根本没有外籍航船停靠。引航员服务的对象主要还是境内的船只，且船只吨位都比较小。

张锁珍第一次独立引航是在 1974 年 5 月。他有记工作笔记的好习惯，一记就是三十多年。十来本笔记，如今还整齐地叠放在办公室的储物柜里。他的工作笔记中记录了引航了什么船只、船只的情况、当时的驾驶要领、工作心得。在他的笔记中，记录了第一次引航的是“浙海 106”号船。他当时的工作心得是“知己知彼，百战百胜”。师傅上船前嘱咐他小心再小心。其他的细节已经模糊了，因为从那以后他引航了无数船只。他当时就曾自问，“什么时候有外籍船来我们宁波港呢?”

1975 年，在广州召开了全国引航工作会议，当时 14 个沿海港口都有代表参加，宁波港的张锁珍也是其中的一个。14 个港口城市，就宁波港没对外开放。当时的宁波港无论是吞吐量、人员配置都矮人家一头。所以在会上没什么发言权。张锁珍记得最清楚的是：其他参加会议的人都有制服穿，而他没有。所以他开玩笑说：“人家是正规军，我是土八路。”

开会回来后，想起别人的谈笑风生，尤其是遇到老同学讲起他们的工作情况，张锁珍更加灰心了。眼见着宁波港口的航道水深越来越浅，江面越来越狭窄，越来越难以接纳大型船只，他不禁哀叹道：“估计我这份工作干不到退休啦!”

没想到，1978 年宁波港迎来了港口发展的春天。当宁波港北仑港区打下第一根桩时，张锁珍和同事去选址地看了一下，真是鼓舞人心。“港口开始外扩，引航员的工作范围也随之扩大，来往船只的吨位也有所提高。”

仿佛一切都在为 1979 年做准备，那一年宁波港被国务院批准对外开放。

1979 年日本“湖山丸”号到达宁波港，这是新中国成立后第一艘外籍船只抵达宁波港，被指派为那艘船引航的就是张锁珍。

“湖山丸”号是 1979 年 9 月 26 日下午 4 点抵达宁波港的。当时镇海高潮已过，水位不够深，海面上正刮着八级风。要知道，在引航过程中，引航员最为头疼的就是气象问题，尤其忌惮大雾和疾风暴雨的天气。

得到消息，港监、边警、海关和卫生检疫方面因考虑到气象的缘故尚未登上日本船只。张锁珍看着远处的洋面，考虑到“湖山丸”号若不及时进港，晚上风一增强，在海上就会很不安全。再说，这是港口开放后迎接的第一艘外国船，一定要引航成功。一半是期待，一半是职责，张锁珍乘引航小艇赶赴“湖山丸”号。小艇颠簸，但这对于有船员经验的张锁珍来说真是小菜一碟。当时没有对讲机、手机之类的通信工具，张锁珍站在船头，用手势告诉日本船只赶快“起锚”。于是，两艘船，一大一小，渐渐靠近。

从小艇爬到摇晃的大型船舶也得依靠以前的船员经验，虽然身上都被海水打湿了，但他已稳稳地站在了“湖山丸”号的甲板上。

他用英语和船长问候。船长是个四十多岁、很典型的日本男人。张锁珍向船长详细了解了船舶的长度、宽度、吃水、所载货物等情况。船长一一回复后，对他说：“现在你开始引航吧，我把船交给你。”

上船前，张锁珍就问过水文站，如果 6 点左右靠码头，潮高还有 2.6 米，而“湖山丸”至少需要 2.5 米，也就是说也只有 10 厘米的富裕，所以他一直在提醒自己：“快！快！”但是表面上他要保持镇定，这样才能稳定日本船员的心神，也保持了一个国家引航员的良好形象。

宁波港当时江面有两三百米宽，但实际真正能航行的也就 60 米航道，只有多年的引航经验才能确保航船不搁浅。

任务终于顺利完成，并被记录在《宁波港史》。但是作为引航员，张锁珍觉得还有许多不足，他在工作笔记里对航道上避让帆船、靠码头的技巧都提了自我批评。

张锁珍回忆起那次引航工作时，还心有余悸地说：“当时太想完成任务了，是有点冒险。还是经验不老到，要是换现在，当时的情况早就处理得得心应手了。”

1979 年前，在港口停靠的 3000 吨级船算是大型船舶了。1995 年停靠港口的轮船“大凤凰”号则有30万吨。在国际港口业界，“宁波港速度”是个奇迹，也是个专有名词，象征了港口发展速度的最高标准。

1988年张锁珍成为宁波引航站副站长，后成为站长，到现在大家都叫他“老站长”。如今宁波港许多引航员都是他一手带出来的。1995年张锁珍获得全国劳动模范。

1998年，他去上海参加全国引航员会议，上海港引航站的老站长高瞻远瞩地对张锁珍说：“以后要看中国的引航水平，可能就要到你们宁波港去看了。”

张锁珍现在一直都觉得幸运。“我是同学中学引航最早的，随着宁波港的发展，由我引航的船最多，也是最大的。”

宁波引航站有一个专业统计：2007年引航共23 562艘次，平均每天65艘。2008年前3个月，达到了6083艘，比去年同期增加5%，名列国内前3位。这些船只中，九成是外轮，来自全世界40多个国家和地区。其中，最大的一艘巨轮是来自比利时的44万吨级的“泰欧”轮。

2008年5月1日，温家宝总理来宁波与工人们共度劳动节。张锁珍激动地说：“从没想到，我还有机会和总理一起面对面地在职工食堂就餐。”总理吃饭很快，他见工人们还没吃完，笑着说：“你们慢慢吃，这个不用争冠军，我陪着你们。”大家都笑了。张锁珍说：“其实我倒希望总理和我们一样吃得慢些，这样我们可以多待一会儿。”

温家宝总理看到张锁珍穿着制服，对他肩膀上的标志很感兴趣，当得知他是一名引航员时，便让张锁珍介绍一下引航工作，张锁珍说：“引航有两个功能，一个是代表国家主权，一个是引航船舶航行、靠泊、离泊、移泊。”张锁珍还向总理汇报，他进港40年了，引领的船舶越变越大。总理抚着张锁珍的背，动情地说：“你可以说是宁波港发展的见证人。”

（选自中国宁波网，原文作者赵磊、周波，有改动。）

三、刘遵清：津港“守门人”引航“老黄牛”

他被港航界赞誉为卓越的海上“守门人”，职工群众则亲切地称赞他是默默耕耘在引航战线上的“老黄牛”；他长年坚守在北方第一大港天津港的引航一线，8000余艘次的引航，换来的是优异的安全记录。他就是全国优秀引航员刘遵清。

工作中的刘遵清

每一次引航都是一次自我挑战，“成功引航 8000 余艘次”不仅仅是一个生硬的数据，而是组成他传奇经历的点点滴滴。

1. 有勇有谋，临危不惧

从事引航员这份工作，刘遵清认为是他一生中最成功的选择之一，发自心底的热爱让他数十年如一日，勤勤恳恳，默默耕耘。毕业后，刘遵清便来到了天津港引航中心，眼前展开的职业生涯让他倍感兴奋，然而，要在引航工作中有所成就，并非凭借一腔热血就能达成，过人的胆识、过硬的技术才是必备的条件。

2000 年 5 月 4 日，停靠在天津港南疆油码头的液化气船“长威 2”轮发生爆炸，给相邻停靠着的装有数万吨易燃易爆剧毒化学品的“台塑 10”轮构成了严重的威胁，一旦该船受到波及发生爆炸，不仅会给南疆、北疆码头带来灭顶之灾，给港区周边环境造成的破坏程度也无法估量，最好的选择就是将“台塑 10”轮尽快引离事发现场。

可这个棘手的任务谁来完成？谁又敢冒着生命危险冲上前去排除险情？正在调度值班的刘遵清听到消息，毅然决然地上前请战，随后火速登上危险丛生的“台塑 10”轮实施抢险。站在驾驶台上的刘遵清发现，“长威 2”轮和“台塑 10”轮周围围绕着数条消防船，水面也变得拥挤起来，而这时有毒液化气体扩散面积已经越来越大。此时，船上的空气似乎因为紧张而冻结，大家深知，若操作稍有不慎产生火花，引起的船体爆炸必然造成船毁人亡。刘遵清镇定自若，凭借着多年的经验和精湛的技术，细致地把握每一个细节，以最短的时间将“台塑 10”轮安全引离事故现场，成功解除了连环爆炸的险情，让惊魂未定的外籍船员都直呼不可思议。

2. 运筹帷幄，细节为王

“人不可能两次踏进同一条河流”，这已是被世人深知的哲理。20多年的引航经历，刘遵清已经对各种船舶性能了然于心，但他仍然时刻告诫自己和徒弟们，即便是同一艘船在同样的天气下靠离同一个泊位，细微之处都会有不同的状况，因此，每一次安全的引航都需要高度的警惕性和稳定的心理素质。

秋冬季节，天津大雾天气频发。2006年11月，由于大雾弥漫，能见度不足百米，造成所有船舶停航。而巴拿马籍“澳申惠普”散货轮因受泊位池水影响，必须及时离泊，否则会造成严重搁浅事故。挺身而出的刘遵清登轮后，天气条件进一步恶化，从30米高的驾驶台上都无法看到主甲板。声声雾笛伴着船舶缓缓行驶在航道上，刘遵清沉着地观察着雷达回波，仔细辨别每一个方位变化，一路避让渔船，不断修正船位，终于将船舶引入安全水域，为港方赢得了极大的信誉。

天津港北港池35、36号泊位建设是天津市重点工程之一，为了确保装载着4台高达110米、价值上亿元的大型集装箱岸吊的“幸运海”轮安全靠泊，刘遵清早早地就开始了准备工作，工作之外的业余时间就会到泊位现场了解情况。根据该轮货物高、重心高、惯性大、受风面积大又不均匀的特点和现场条件，精心制订了“水、陆、空”三位一体多方互动的引航方案，出色地完成了这一特殊引航任务。

3. 持续学习，坚守岗位

之后，刘遵清凭借出色的业绩走上了管理岗位，担任天津港引航中心北疆引航站站长的他，则将全部精力无私奉献在了引航员队伍的建设上，他先后培养出15名骨干引航员，为天津港引航事业的发展壮大添砖加瓦。对于同样怀着梦想的青年引航员来说，刘遵清是他们的良师益友，他会亲临现场指导他们的实际操纵，会不遗余力地传授他多年积累的经验和技术，也会与他们畅谈人生，解疑释惑。

保持学习的心态，是刘遵清能够始终站在引航一线的秘诀。近几年来，随着海河两岸的开发，通过新港船闸的船舶越来越多，且船舶尺度不断增大，天津港的过闸操作是引航工作的一大难点。

刘遵清自工作以来，就养成了对每一艘船的过闸操作都仔细研究的习惯，通过对全天候、不同载重状态、不同机型等情况的船舶进行全面系统的归纳，并吸取几代引航员的过闸经验以后，逐渐形成了一套独特的过闸操纵方法，并多次在恶劣天气下引领船舶安全进出船闸，从未发生任何事故。

任世事变迁，兢兢业业是他的态度，以身作则是他的风格，从一名默默无闻的初学之辈到享誉港航界的高级引航员，刘遵清书写着一个又一个辉煌，也用传奇的经历让世人见证了引航员的风采。

（选自《中国水运报》，原文作者曹玲，有改动。）

四、杜兆忠：港区“活海图”演绎引航奇迹

作为中国第二个外贸亿吨大港、太平洋西海岸重要的国际贸易口岸，青岛港创造了“一个港口的规模做出两个港口的业绩”这个奇迹，奇迹的诞生离不开“幕后”英雄——青岛港引航站的引航员们。

引航员杜兆忠

在青岛港引航站的诸多优秀引航员中，全国十佳引航员、青岛市劳动模范杜兆忠业绩尤为突出。杜兆忠被称为港区的“活海图”，自 1975 年从事船舶引航工作以来，安全引领来自 60 多个国家的各种类型船舶 14 000 多艘次，连续 37 年引航安全零事故，引航服务零投诉。他带领技术小组潜心研究的“杜兆忠安全引航操作法”，曾多次排除过重大险情，避免了多起灾难性事故的发生，促进了港口经济发展，带来了数亿元计的经济效益。

1. 引航日志攒了一大摞

中国引航协会公布的数据显示，青岛港引航站引航员工作强度之大在全

国沿海港口中曾连续三年排名第一，这意味着引航员们常常要进行超负荷的工作。

在别人看来千辛万苦的这份工作，杜兆忠却乐在其中，他每月的引航工作量在全站总是名列前茅，最多时一昼夜引领过 8 艘船。他常说："因为真的热爱，我的所有努力都很自然。"

每次引航前，杜兆忠都会提前做准备，按照他的话说就是"不打无把握之仗"。要先了解一些船舶情况、船舶资料，上船以后再跟船长继续了解一下，了解他的车、舵、锚、缆各方面的情况，杜兆忠介绍说，青岛港是一个天然良港，但是也有暗礁、浅水区，弯弯道道比较多。

现在的大型船舶造价动辄上亿元，轻微的磕碰就损失巨大。如果是大型油轮，一旦发生碰撞造成原油泄漏，后果更是不堪设想。杜兆忠说，引航工作就像绣花，一针连一线，每个技术都要衔接得天衣无缝。一次瞭望不清、一次判断失误、一次舵令不准，随时可能导致事故发生。37 年来，杜兆忠如履薄冰。

杜兆忠有一个好习惯，每次引航经历都详细记录，引航日志攒了厚厚一摞，除了密密麻麻的文字，还有各类手绘图，详细标注着航道、水文、气象、各类船舶的操作性能等航行数据，详细得如同一本青岛港引航的"百科全书"。据他介绍，这个好习惯从 1975 年做学徒的时候就养成了。杜兆忠说，记的过程也是一个积累的过程，而积累得越多掌握的技术就越高。

学习、实践、总结，日积月累，杜兆忠成长为一名高级引航员，也总结出一套以他名字命名的"引航工作法"，而旧的、新的、厚的、薄的日志也记载下青岛引航的发展历史，见证了青岛乃至中国海运事业发展的历程。

杜兆忠说，改革开放以来，港口吞吐量越来越大，船舶吨位也越来越大，唯有不断地学习引航知识与技巧，才能跟上不断发展的形式。

2. 曾把军舰引进青岛

杜兆忠爱钻研，几乎青岛港引航站所有引航员都知道。

参与"20 万吨级油轮满载靠泊"这一新引航项目研讨时，他提出将船舶进港过程分三段来控制，对每段船舶行驶的时间、船速、船位及拖船的使用、带缆的方法都作具体要求，做到心中有数；参与"20 万吨级矿船满载靠泊"新引航项目研讨时，他制订首次靠泊方案，为首次靠泊成功和引领方法的形成做出了贡献，并首次成功引领 20 万吨满载矿船靠泊；他还参与了 20 万吨油码头建设的研讨，参与了20万吨矿码头建设的测流、航道、浮标及导标的设置，参与了前湾港航道、浮标设置，对各时间段潮流做过深入调查，为安全引航积累了宝贵的第一手资料。

除了为超大型船舶安全引航外，杜兆忠还为军舰引航过。

2009年5月，中国海军建军60周年庆典在青岛海域举行，14个国家的21艘军舰到访青岛港，外舰数量多，船型复杂，泊位拥挤，靠离时间紧，标准高。担任这次引航调度指挥的杜兆忠与同事们一道，克服雾、雨、大风浪等恶劣天气影响，5天5夜共安全引领外舰53艘次，圆满完成外事任务。

3. “胆大”出了名

杜兆忠被称为港区的“活海图”，不论晴空万里，还是狂涛巨浪，他总能波澜不惊、沉着冷静。在数次船舶失事抢险中，他凭借熟练技术化险为夷、屡建奇功。

在青岛港引航站，杜兆忠的“胆大”是出了名的，他在“阳泉”轮救火抢险中的突出表现也令大家印象深刻。

1986年6月14日，泊在锚地的“阳泉”轮机舱和生活区突然失火，火势凶猛。接到求救信号后，杜兆忠带领几名引航员火速赶到现场，边指挥拖船灭火边抢救船员，同时快速研究拖带此船远离他船的操作方案。经过几小时的紧张奋战，大火被扑灭，弃船船员获救，无动力“阳泉”轮安全靠泊8号码头。因抢险贡献突出，他被记大功一次。

不仅自身业务过硬，杜兆忠对徒弟要求也十分严格。每次引航前，他都会要求徒弟提前做出引航方案；船舶会遇过程中，他都会要求徒弟在保持自身安全的情况下，尽量给他船留有余地。“杜师傅不但教给我技术，也教会我做人的道理。”徒弟们如是说。

在杜兆忠看来，指导和培养年轻引航员是自己义不容辞的责任。导师带徒过程中，他毫无保留地传、帮、带，利用业余时间讲解船舶靠离要点及方法，并亲自指导实践。截至2012年6月，他已培养出5名业务能力强的高级引航员，其中一名荣获全国优秀引航员荣誉称号。之后他又成了两名引航员的师傅。

在青岛港这个大港深深浅浅的航道上，杜兆忠以精湛的引航技术和优质的引航服务，也用万船轨迹演绎着精彩的引航人生。

（选自《中国水运报》，原文作者甘琛，有改动。）

五、周弘文：在船舶方寸舞台演绎“引航人生”

一艘外轮就是一块流动的国土，而能称得上这块流动国土上的“外交使节”的，非引航员莫属。对于大多数人而言，引航员这个职业陌生而又神秘，事实上引航员比飞行员还要稀缺。上海港引航站是全国最大的引航站，周弘文是上海港引航站的一名高级引航员、全国十佳引航员、上海市劳动模范。

引航员周弘文

1. 安全是一种态度

与周弘文的访谈始终在轻松的氛围中进行，引航已经渗入他的血液，乃至回忆每次困难，每次突发事件时，他都是那么“云淡风轻”，就似生活中再正常不过的一个场景一般。虽然他没说，但记者看得出，对他来说，比“荣誉”更值得引以为傲的是100%的安全引航率。

22年来，周弘文安全引领各类中外船舶超过6000艘次，多次化险为夷，使国家财产和人命安全免受重大损失。近3年来，他引领来自世界各国的船舶920艘次，平均每月达26艘次，并达到100%港航满意率和100%安全引航率。

从事引航工作20多年来，周弘文有很多的“代表作”：30万吨级“长江之珠”号超级原油船顺利启航，就是由他将这个有3个多足球场大的巨轮从长兴岛造船基地引航出口的。该轮是当时上海开埠后所造的最大油轮，其顺利引航出口意味着上海国际航运中心建设有了更为坚实的基础；精心引领满载17 000立方米液化气的“阳箭”轮安全抵达5号沟液化气备用码头，上海港迎来了第一艘大型液化气船舶；克服上海港国际客运中心码头前沿有效水域宽度仅约230米的困难，引领首次以上海港为母港的260米长大型豪华邮轮“海洋神话”安全靠泊；多次完成超大型豪华邮轮“经典号”“爱兰歌娜”“精钻探索”等的引航任务，安全引领了长345米、高62米、吃水10.2米、上海港开埠以来最大的豪华邮轮“玛丽女王2号”进出上海港。

可以看到，上述船舶都是特种船型，不是记者特别选出的，实在是因为这些特种船舶的引航占到周弘文近三年工作量的84%。三年来，他引领过的船舶中超大型船舶606艘次，豪华邮轮和外国军舰31艘次，危险品船舶137艘次。

面对特种船占据工作大部分的现状，周弘文紧绷的神经始终不敢放松，尤其是上海港水深条件有限、航道狭窄、船舶密度大等特点，更增加了特种船舶引航的难度。

周弘文对记者讲述到，引航员与船长不同。船长是船上的最高指挥者，他对船舶的设备设施、操纵性能、船员状况、薄弱环节等非常了解，但却不一定能够完全了解每个港口航道的实际情况，尤其面临航道情况复杂的上海港。而引航员对其所在港口的航道、锚地、水深、障碍物等一切影响船舶航行安全因素都了如指掌。因此每次遇到特种船、困难船或者新船型他都会通过各种途径提前了解船舶情况，结合航道条件制订引航计划。但计划不及变化，因为通常引航作业现场面临的情况是千变万化的，根据现场情况准确拿捏好每个掉头、穿越的时机也非常重要，而这些都必须建立在技术过硬和经验积累的基础上。

周弘文同志当选上海市先进工作者

2009年冬天的一个夜晚，周弘文奉命引领船长达300米的大型散货船“胜利角”从罗泾码头开航出口，按照正常的开船时间，该轮应该是开落末水，向右掉头。虽然超大型船舶掉头难度很大，但对于周弘文来说，倒是轻车熟路，可是事情并不是想象中那么简单，由于该轮的卸货计划有延误，导致卸货完毕时，早已过了掉头时机，潮水也变了。按照规定，这样的大型船舶过了潮水就要等到下一个潮水再开，这就意味着船还要在码头上等12小时左右。船长急得团团转，而对于周弘文来说，他十分清楚此时开航的风险，但在知道了船方时间短、船期紧的实际困难后，周弘文毅然决定克服困难开航。经过与调度和海事部门的协调，加上周密的计划，周弘文大胆细心地指挥拖船，利用车舵，有条不紊地完成了掉头，顺利开航出口。行云流水的操作和扎实谨慎的工作作风引得外轮船长连连竖起大拇指。

除了特种船、重点船，还有特殊天气的影响。

据周弘文回忆，在一次引航任务中，突遭暴雨袭击，而且这次暴雨来得突然，时间长，在从圆圆沙到外两期的整个一个多小时的航程中，暴雨一直没停，视线非常不好。这时，他并没有慌乱，始终让引领船舶处于安全航行状态。而这一突发情况下的游刃有余，一是基于对整个航道水域的熟悉，二是他提前对自己引领船舶前后左右的其他船舶情况做过了解，甚至哪艘船是哪个引航员在负责引领，其工作作风他都已掌握。当记者惊诧于他的细致谨慎时，他却淡然一笑表示，这些都是平时工作的一些习惯。原来，每次接到任务时，周弘文都会花时间对引领船舶、海图、航道、附近船舶等各方面相关情况彻底了解，并且，每次任务结束后，他都会总结经验，甚至是在心中模拟把整个航线再走一遍。用他的话说，这样才能做到“心中有数”，保证船舶安全。

其实不仅仅是特种船，在每项任务、任何船型面前，周弘文始终“一视同仁”。面对记者怎样保证100%安全率的提问，周弘文答得实在：“没有人能保证100%，我只是认为安全要用心去做，是一种责任，一种态度。每一次工作我都会尽自己最大的努力，包括对视线、航道、船舶的了解，操作过程中互相之间的沟通，还包括做好之后自己去总结。任何一艘船都要认真去对待，一视同仁，不能翘尾巴，自我感觉良好，这些都是安全的保障。”

2. 引航再也不是单打独斗

一台电脑，一个对讲机，一双眼睛和一台雷达——如果引航还停留在这样的阶段，那么面对越来越大型化和高密度的船舶航行量，安全的考量标准恐怕要有所改变了。实际上，随着科技引航和团队引航理念的引进，安全引航得到了更多的保证，或者可以说，引航再也不是单打独斗了。

工作中的周弘文

采访过程中，周弘文的手机时不时会有短信“骚扰”，一面对记者报以歉意的微笑，一面告诉记者其实都是工作短信。记者看时，果然都是些航道、船舶信息。翻阅以前的短信记录，还包括很多调度、助航、搜救、新船下水，甚至哪个航道哪个位置有沉积的障碍物，一应俱全。这些当然不是周弘文的专利，而是每个引航员都必须掌握的信息资料。周弘文告诉记者，这些信息提示非常重要，让他和同事们更多了一条了解工作相关情况的通道，能有效避免引航事故的发生。

据记者了解，上海港引航站2006年成功研发引航生产安全监控系统，利用最新的高清电子海图、AIS和视频技术，全面提升了引航信息智能管理手段和监控水平，能24小时提供引航信息服务，达到国际先进水平。

作为全国最繁忙、最困难、最艰苦的港口引航之一，为了适应工作强度日益增大的特点，上海港引航站还提出团队引航理念。这一系列动作让人感觉到，引航工作再也不是一个人单打独斗，而是各环节、各部门、各领域及时互动，积极配合，“安全感”极大提高。

除了上述方面，周弘文还显示出了对“交流学习”的激动情绪。他告诉记者，刚刚结束的与舟山引航站的“切磋”让他受益匪浅。港口在变，船舶在变，引航技术也应该朝着全面性、多样性方向发展。舟山港域20多米的水深、宽阔的水域条件，就给他和上海港的引航员们上了一堂令人难忘的实践课，而这种激动的心情，似乎到现在还没有平复。究其原因，周弘文意犹未尽地告诉记者，因为通过这次交流，空白得到了填补，终于将以前课本上的理论变成了实践。包括，当超大型重载船舶处于水深足够的地域，凭借引航员对潮汐和船舶旋回性能的精确掌握，选择合适的起始点、通过进车加速旋回，能够安全、有效地使所引领船舶进入上佳的入泊位置；通过引航员自身不断的经历和总结，汲取有效经验，做到充分掌握和利用潮水，使之能为我所用；理解了拥有安全、规范操作模式的重要性，通过对前辈经验的传承和新人的创新，形成一套卓有成效的操作模式，在面对近似的操作情境之下，能起到最好的借鉴作用，等等。

3. 引航员价值还应有更多体现

不仅仅是上海港，很多港口码头、航道等的设计在船舶靠离、行驶时都给引航员出了难题，增加了危险性。其实，引航员可以在码头、航道设计，甚至港口航道规则的制订方面发出自己的声音，体现更多的价值。

“水上国门第一人”是对引航员的形容，周弘文却认为，不应仅仅如此。

引航员的价值不应该仅仅体现在引领船舶进出港口方面，因为对航道、港口码头、船舶性能，特别是对船舶与码头的适应性有非常高度的了解，周弘文和同事们都希望能让自己的专业意见能有所“贡献”。周弘文含蓄地对记者表示，如果能考虑让引航业界更多地参与到港口航道规则的起草、制订中去，将是一个很好的开端，一旦在这些方面的话语权有所体现，会对我们未来的工作带来很大帮助。

海纳百川，有容乃大，周弘文和同事们用船舶航行轨迹演绎着引航的精彩人生，偶有跌宕起伏，但“平静”是主旋律。平静不是平淡，不是平庸，因为引航这一领域注定从业者不会平庸。鹰击长空，鱼翔浅底，虽然他们的舞台在船舶的方寸间，但船行大海，无论到哪里，引航都是必不可少的重要一环。因此他们注定是平凡也是最不平凡的人。

（选自《中国引航》，原文作者芮雪，有改动。）

第三节　情系引航

一、"海辽"号海轮起义风云揭秘

你见过1953年版的那张"伍分"人民币吗？

1953年版的"伍分"人民币

你可曾记得那绿色纸币上有一艘冒着烟正在疾速行驶的海轮吗？钱币图案设计理应具备纪念意义，伍分币上的那艘海轮自不例外。它叫"海辽"号，说起它的故事，还得从新中国成立前夕开始叙述……

1. 黎明前的风急浪涌

"海辽"号海轮是招商局的一艘航行于上海至厦门的客货班轮。船长方枕流出身在上海一个工人家庭。因为家境贫寒，读到高中就辍学了。后来他到美国总统轮船公司当小职员，一面干活，一面自学。1935年总算考入海关总署税务专门学校海事班，三年后毕业。从此，再也没有离开过大海。他先后到过"榆光"号、"海澄"号、"峡光"号、"湘江"号、"海玄"号、"海康"号、"海湘"号，当过实习驾驶员、三副、二副、大副。1947年招商局调方枕流到"海辽"号时，他已经是一船之主——船长了。

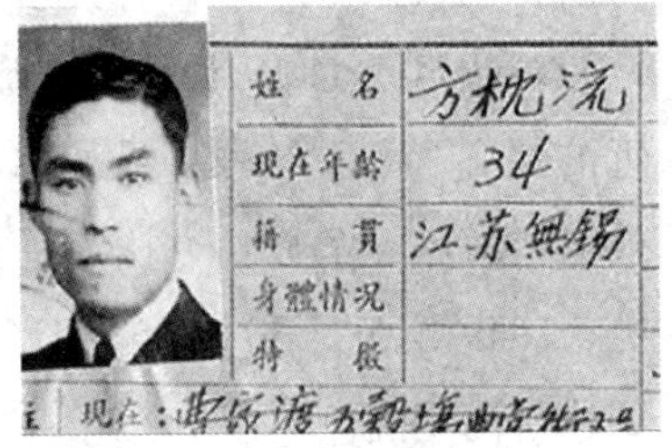

"海辽"号船长方枕流

方枕流是一位热爱祖国、追求真理的进步青年，看到国民党政治上的腐败，非常反感，一直想走"技术救国"的道路。自从和另一艘船上的二副刘

双恩交上朋友后，他读到了列宁写的小册子和郭沫若写的《苏联游记》等“禁书”，觉悟大大提高。有一次，刘双恩向他提出：“我们两人今后同走一条路好不好？”他一口答应：“好！”

不久，方枕流欣喜地得知，这位刘双恩原来是个共产党，怪不得他懂那么多道理。于是，方枕流在船上办起了文化补习班。他动情地对在座的生火工、厨工、水手和服务员们说：“我和你们一样出生在贫苦家庭，父母省吃俭用，让我读书受教育，我就是通过读书才明白了做人的道理，明白了自己应该走什么样的道路。”

1949 年 4 月 23 日，南京解放。眼看大势已去，国民党蛮不讲理地宣布，征用所有船舶撤退军队、抢运军火，船员不准擅自离船，谁违抗将以军法论处。“海辽”号也被征用了，方枕流心急火燎。怎么办？共产党曾经向他布置过，如果派他去香港工作，会有人持着做了暗号的名片前来接头；如果让他继续留船工作，要求“海辽”号成为第一艘升起新中国国旗的船舶。

此任务是何等的光荣！

不久，刘双恩的密信及时送到“海辽”号船长室——“随船行动，待机行动”。方枕流对一些可靠的船员说：“仅把一艘‘海辽’号留在上海，价值是有限的，如果我们驾船暂时离开上海，以后再从海外把船开到解放区，那政治影响就大了。”

1949 年 5 月 19 日，方枕流驾着“海辽”号离开家乡上海时，解放军已逼近沪郊。“海辽”号从吴淞口驶向大海。没几天，报务主任马俊便悄悄告诉他：上海已经解放！方枕流手扶栏杆，默默地站在船尾，心潮汹涌。

1949 年 5 月 30 日，“海辽”号载着一个营的国民党工兵和构筑工事建材，到达台湾基隆。

“海辽”号

1949 年 6 月 6 日，“海辽”号受命空船直放广州黄埔港待命。方枕流觉得机会来了。船到达黄埔港后，他立刻来到香港，他知道刘双恩就在香港。可是找了一个星期也没找到刘双恩的下落。他住在旅馆里手脚无措，茶饭不香。恰在此时，“笃笃笃”有人敲门。他打开门，一位穿着白色哔叽西服的先生笔挺地站在门外，来人正是他朝思暮想的刘双恩！

刘双恩传达了党组织一项重大决定：由方枕流回船组织船员，积极准备“海辽”号起义。方枕流激动地接受了党组织的命令。那一夜，他含着热泪写下了入党申请书，双手交给刘双恩。

2. 决定命运的选择

“海辽”号接到蒋军司令部的命令：1949 年 9 月 19 日，船去汕头，运送部队去舟山群岛增援。

党组织决定：这一天即是“海辽”号宣布起义的正式日期。事后有位船员说：1949 年 9 月 19 日，这里面有 4 个 9，四九三十六，三十六计，走为上计，定在这天起义大吉大利。

9 月 18 日上午，方枕流和刘双恩进行起义前的最后一次秘密会晤。他们从整个行动方案到每一个细小环节，做了一遍又一遍的梳理。“海辽”号起义后不驶回上海，而驶向解放区大连。接应人是旅大区党委书记欧阳钦、同利公司副经理魏震东和水上公安局局长张德胜。

分手时刻到了，两位战友反而默默无语。忽然，刘双恩问：“你一个人在船上领导起义是否有把握？我跟你同船出去，同你一起干、怎么样？”方枕流回答：“我认为是很有把握的，你是老党员了，比我有更大的作用，你没必要冒此生死风险！”

两双船员的大手紧紧相握。刘双恩深情地说：“关于你的入党问题，组织上已经讨论通过了，你驾“海辽”号胜利到达大连之日，即为你入党之时。你还有什么要说的吗？”方枕流掏出一张全家合影照片，照片上年仅 7 岁的方嘉德正咧着嘴对爸爸笑呢。方枕流说：“我万一牺牲了，请组织上给予照顾。”刘双恩回答：“一定负责到底！”

方忱流回到了“海辽”号，便得知“海川”号也接到调令，和他们一起开往汕头。这是不是刺探？“海川”号是不是派来的“尾巴”？与其同行怎么去解放区？方枕流向香港招商局谎报：“海辽”号伙食冰冻机正在修理，不能准时开航。招商局信以为真，让“海川”号先走了。

19日中午，方枕流下达命令：全体船员不得上岸，随时准备开航。下午6点，方枕流在驾驶台摇响了“准备动车”的命令，当他喊出一声“起锚”时，他的心真要跳出嗓子眼了。他虽然没有带兵打过仗，但他此时心情恰似决战时刻的主帅。

暮色茫茫，“海辽”号不要引航员，偷偷地启航了。路过香港鲤鱼门信号台，信号台发出台语：你船何名？开往何处？方枕流故意不用信号灯回复，拿了一只手电筒，向信号台打莫氏信号，信号该长时不长，该短时不短。信号台又发出台语，信号看不清楚，重复一遍。此刻，“海辽”号已加速往北，混出鲤鱼门，再也不理信号台了。按照惯例，开航后要跟目的港取得联系。报务员刚要发报，报务主任马骏一个快步赶上去，把闸门拉掉，并对报务员说：“这个航次与以往不同，没有船长命令，不得同任何电台联系！”马骏又悄悄告诉机舱部个别船员：“要回家的话，把车头开得快些。”这句一语双关的话，有人听了心惊肉跳，有人听了情绪高昂。谁都隐隐觉得，有一桩关系每个人生死的大事将要发生。方枕流告诉大副席凤仪：通知船员到驾驶员休息室开会，我要宣布重要消息！

位于维多利亚海湾北端的鲤鱼门信号塔

3. 一波三折的起义大会

船员在船上开什么大会？真是破天荒！大伙儿三三两两地走进休息室。方枕流见人来得差不多了，就站起身向大家庄严宣布：“我们这次不去汕头了，决定起义，脱离国民党的反动统治，开往解放区，大家可以回家了。我们有周密的计划，只要大家同心协力，事情是会成功的。”马骏表示拥护：

“方船长讲得对，我们都有家，我们应该回去，把船开回解放区去！”大管轮却惊叫起来：“我的妈呀，要死了，飞机一来，就全完了！”

二管轮举起手：“我反对！我们不管什么国民党、共产党，只知道过日子、吃饭。什么起义不起义的，这是白白送死，船跑一天，飞机一下子就追上了！”

生火工张承恩接口道：“我早知道船上有共产党，早就料到有这一天，就是没有想到来得这么快。我也反对起义！”

休息室里的空气顿时紧张起来。

轮机长张阿东道：“你们不要瞎说了，船长懂得的比我们多，我们一切听船长的。”

有个船员问：“要起义也行，但是安全有没有保障？”方枕流耐心地把航线的设计，船舶的伪装等具体方案向大伙交了底。但船员王纯根和张炳根仍然异口同声：“我们反对！”生火长劝道：“船长一向对我们船员很好，照船长说的办，没有错！”

反对起义的比拥护起义的还多。方枕流环顾一下四周，这才发现有一些比较进步的船员还没到场，他立刻走出休息室，把马骏叫到走廊上交代了几句，然后把手插进裤袋中，回到了会场。张炳根跟王纯根“咬耳朵”：“坏了，船长到房里拿了手枪，要对我们不客气了。”王纯根悄悄地说：“我们随大流吧。”

不多一会儿，拥护起义的船员王明安、韩福泉、孙新柞等都陆续到场。突然，二副鱼瑞麟以军人的姿态跑步进入会场，立正，敬礼：“横栏灯塔正横！”

方枕流果断命令：“改向113度！”

“是，改向113度。”二副转身跑回驾驶台。

会场肃然。谁都能感觉到“海辽”号正大幅度向右转向。方枕流看了看手表：“现在是1949年9月19日，这是“海辽”号解放的时刻，大家要永远记住这个时刻。我们现在正驶向菲律宾海峡，然后绕道太平洋驶向解放区！”生火工张承恩换了一种口气：“船长，国民党一发现，大家都没命了，还是开汕头吧。我们全船人以后谁都不会说起今晚的事，只当它没有发生过一样！”方枕流觉得这样软磨硬缠下去，起义必会流产！于是他斩钉截铁地说：“谁也休想把船开往汕头，除非把我扔到大海里去。万一起义失败，要枪毙就枪毙我方枕流一个人，绝不牵连别人！”船员们纷纷表示拥护起义。服务员王明安说得更响亮：“要死，也不能让船长一个人去死，我们大家一起去！”僵局总

算打破了。方枕流当即宣布：立刻准备油漆和油漆工具，连夜伪装“海辽”号，天亮前改变原船面貌。“海辽”号起义大会胜利结束。

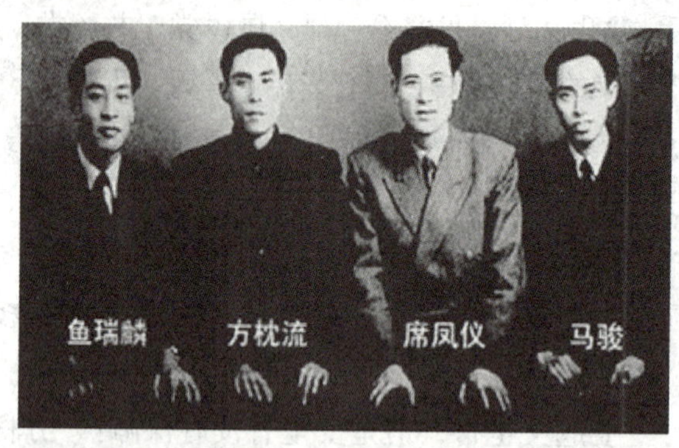

当年起义的几位骨干船员：船长方枕流，大副席凤仪，二副鱼瑞麟，报务主任马骏

4. 忽然出现的“玛丽莫拉”号

1949 年 9 月 20 日，离中华人民共和国成立还有 10 天。“海辽”号海轮上发生了两件事。

第一件，上层夹板楼梯醒目处贴出封匿名信，反对起义，鼓动船员把船开回汕头去。马骏一查，查出匿名信的作者名叫鱼瑞麒，“海辽”号洗衣工，是二副鱼瑞麟的堂兄。失业后由二副介绍到船上工作。鱼瑞麟闻讯后气得火冒三丈，把堂兄叫到自己的房间，狠狠地打了他一巴掌：“滚回去，少给我在船上出丑！”

第二件，“海辽”号变样了，船体色彩变了，船名也变了，大烟囱上涂着个外国船名：“玛丽莫拉”号。它完全变成一个莫拉公司的船。由于整船油漆是在夜间进行的，油漆不均，颜色不正，要伪装就得像真的一样。船长下令：再油漆一遍。船的颜色变了，但船的构架如果不变，还是容易认出来。去掉“海辽”号甲板上的四个大救生筏和四个大铁架，成了整个伪装工程中最重要、最艰巨的环节。船员们齐心协力，把大救生筏吊入货舱，然后开始对付大铁架，有的用钢锯，有的开电钻，有的使钢凿，终于，大铁架被连根拔起，扑通扑通扔进海里。正当船员们抽着烟、抹着汗庆幸“国民党的兵舰飞机再也认不出‘海辽’号”时，方枕流发现货舱里只剩三只大救生筏，还有一只被贪图方便的船员扔进海里去了！救生筏上有“海辽”的中英文标记，如果被来往船只发现，用电报报出去，岂不是泄露了“海辽”号的行踪吗？方枕流命令马骏立刻打开电台侦听，是否有船报告发现救生筏。一直侦听到第二天，没有听到任何报告，大伙才松了口气。方枕流告诉船员，今后必须一切按指令办，否则会出乱子。

“海辽”号侥幸通过了伪装之后的第一次检验

5. 茫茫大海巧捉迷藏

如果按照招商局的指令从香港驶往汕头，只需要 18 个小时，这 200 多个小时怎向招商局交代？国民党当局发现“海辽”号 18 个小时后没有到达汕头，必然会起疑心，必然会寻找“海辽”号。二管轮的惊慌不是没有道理——船跑一天，飞机一下子就追上了！方枕流牢牢掌握“海辽”号的“耳目”，丝毫不敢松懈，他让马骏和报务员于振坤日夜轮流执班，收听电台，了解陆上动向和气象情况。“海辽”号已握有新旧两本密码本，任何机密电报都能译出来。

每一个小时都显得漫长而难挨。9 月 20 日上午，早已航行在大海上的“海辽”号，分别给香港招商局和汕头招商局发报，说“海辽”号于 20 日由香港开航。9 月 20 日傍晚，快速前行的“海辽”号给汕头招商局发报，说“海辽”号主机滑动汽门调节阀发生故障，现正在同安湾“抛锚修理”。这“抛锚修理”四个字是方枕流和刘双恩密定的暗号，真正含义是：“海辽”号正式起义。刘双恩在华夏公司收听到“抛锚修理”的电报，立刻通过地下电台报告正在北京开会的香港工委书记钱之光。中共中央办公厅密令旅大区党委，迅速做好接应“海辽”号的准备。9 月 22 日下午，“海辽”号再给汕头招商局发报称：“估计明天可修妥，到港延期，甚歉!”其实，“海辽”号正加足马力行驶在大海上，已经跑了整整三天！9 月 23 日上午，“海辽”号给汕头招商局发报，说：“预计可修妥试车。”下午发报，说经过试车，主机仍不能正常运转，轮机员正在日夜抢修，希望明天能修好。还故意带问一句：

“同安湾一带是否安全?”国民党被全蒙在鼓里了。9 月 24 日下午，“海辽”号继续给汕头招商局发报：“我轮正自制零件，争取尽快修复续航。”

日历翻到 1949 年 9 月 25 日，“海辽”号已经航行至琉球群岛东面的大洋中。正前方出现了一个远洋母子船队。方枕流为了避免引起对方注意，偏离船向继续行驶。傍晚时分，船上电台突然监听到台北招商局给香港招商局的电报，说“海辽”号主机失灵，现在同安湾抛锚修理，另派“蔡愕”号驶往汕头替代“海辽”号，同时顺道去同安湾看看“海辽”号现状如何。谎报“海辽”号“正在修理”已经 5 天，“蔡愕”号一旦赶到同安湾，不见“海辽”号的踪影，事情的真相就很难掩盖了。方枕流当即决定：给汕头招商局发最后一次电报，全文只有 8 个字：主机修妥，明日抵港。然后，“海辽”号与汕头、香港、台湾中止联络，只收报，不回应。全船警戒，驾驶台加强瞭望。

9 月 26 日，“海辽”号与招商局捉了 6 天迷藏，已穿过琉璃群岛北端的岛屿，驶向南朝鲜济州岛南面海域，离渤海湾不远了。此刻，岸上各电台乱成一团：汕头招商局电台不断呼叫“海辽”号，得不到半点回音；台北招商局发出紧急通电，要求在航各轮呼叫“海辽”号，发现踪迹，立刻报告；招商总局向海内外公布，“海辽”号失踪，可能发生了事变……

国民党当局虽感到苗头不对，但又无可奈何，只有命令各船在航行中每隔 4 小时向总局报告一次船位和航向，并要求香港招商局对各轮加油数量严格控制。“海辽”号起义之前，加了可用一个半月的燃油、好几百吨淡水。储备了可用两个多月的粮食和副食品。领取了大量的油漆，甚至还买了朝鲜半岛附近海域的地图。方枕流和他的船员们棋胜一招！

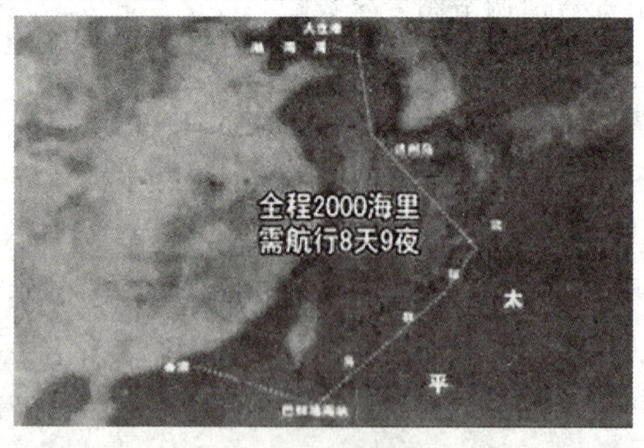

一条充满惊险的航线

6. 第一艘升起五星红旗的海轮

1949年9月27日傍晚，“海辽”号进入最后冲刺，它驶过朝鲜半岛后，直奔大连港。刘双恩事先已告知，这一海域经常有国民党的军舰游弋。为此，方枕流命令：“海辽”号实行灯火管制，驾驶台加强瞭望，电台加强监听，成败全在今晚。因为明天拂晓，就能看到大连港外的岛屿了。

全船上下极度兴奋，又极度紧张。

当晚深夜12点，生火工张承恩在袜筒里插了一把匕首，偷偷摸上甲板，步步逼近船长室。他们几个反对起义的船员私下商议，由张承恩去把船长方枕流杀掉，然后发出信号向国民党军舰求援，或者自己几个人把“海辽”号劫持回台湾去。方枕流走出船长室，想到电台去看看，刚从左边走廊出来，就发现一个鬼鬼祟祟的黑影，他大吼一声：“是谁?”

张承恩站住脚，慌忙地回答：“是……是我。”

方枕流听出来是张承恩，问道：“你上来干什么?”

张承恩结结巴巴道：“我来检查一下天窗是否密封，有没有灯光露出来。”

方枕流故意温和地说：“你放心吧。”

轮机长张阿东听见声响赶紧上来，责备张承恩：“你不在机舱值班，上来干什么？赶快下去!”

张承恩脖子一缩，溜回了机舱。黑暗中，船长方枕流和轮机长张阿东默默地对视一眼：好险哪!

9月28日，东方露出鱼肚白。“海辽”号可以看到大连港了。船桅杆上立刻悬起“我要进港加水”的国际信号旗——这是方枕流和刘双恩事先约定的信号。船员们纷纷涌向甲板，互相拱手相庆，庆祝“海辽”号起义成功。

不一会，中共中央办公厅驻旅大办事处主任徐德明上船来接应。方枕流一把握住他的手，热泪盈眶。徐德明笑着说：“我按照党中央的指示，今天凌晨就一直在山顶上瞭望海面，等待着你们的到来。”甲板上掌声雷动。

庆祝“海辽”号成功起义

下午，同利公司副经理魏震东按照党中央的安排，带着大批慰问品，上船慰问

方枕流起义后亲手制作的一面五星红旗

起义归来的船员，并庆祝方枕流光荣加入中国共产党。9 月 30 日，魏震东又一次上船亲手把一面新中国的五星红旗交给了“海辽”号船长方枕流。1949 年 10 月 1 日下午 2 时 57 分，“海辽”号全体船员在甲板上集合，方枕流船长看了看手表，下令：“立正，升旗!”鲜艳的五星红旗在船首冉冉上升。此刻，天安门广场正举行开国大典，收音机里传来毛泽东宣告中华人民共和国中央人民政府成立的洪亮声音。方枕流带领大家振臂欢呼，并在五星红旗下合影留念。

旅大区党委把“海辽”号全体船员接到大连，召开了盛大的欢迎会。祝贺“海辽”号海轮首举义旗成功。给方枕流记了特等功，给马骏、席凤仪记了甲等功。船员们把一件精心制作的纪念品交给中共旅大区委书记欧阳钦，请他转交给毛泽东主席。纪念品由救生圈和舵盘模型组成，底座铜版上刻有两行大字：“你是新中国的舵手，你是人民的大救星!”以下是全体“海辽”号船员的姓名。1949 年 10 月 23 日，“海辽”号全体起义船员致电毛泽东主席。第二天，毛泽东即复电嘉勉。全文如下：

> 海辽轮方枕流船长和全体船员同志们：庆贺你们在海上起义，并将海辽轮驶达东北港口的成功。你们为着人民国家的利益，团结一致，战胜困难，脱离反动派而站在人民方面。这种举动，是全国人民所欢迎的，是还在国民党反动派和官僚资本家控制下的一切船长船员们所应当效法的。
>
> 毛泽东
>
> 一九四九年十月二十四日

起義海遼輪人員電毛主席致敬

毛主席覆電嘉勉

毛主席复电嘉勉的有关报道

在“海辽”号首举义旗的带动下，1950 年 1 月 15 日，香港招商局的 13 艘海轮在上午 8 点相继起义。13 面五星红旗同时在甲板上升起。这件事被列为 1950 年世界十大新闻之一。这 13 艘船的船名是：海厦、蔡愕、教仁、鸿章、海康、海汉、成功、邓铿、登禹、林森、民 302、民 312 和中 106 登陆艇。

为了永久性纪念“海辽”号起义成功，中国人民银行经过反复研究，并请示中央人民政府批准，在设计新中国伍分纸币时，将“海辽”号船形作为正面图案。方枕流船长新中国成立后担任大连远洋公司总经理，于 1991 年 6 月去世。

（原文作者木华，有改动。）

二、李正容：中国第一位女引航员

李正容出生于美丽的海滨城市汕头，从小向往蔚蓝的大海和那斩波劈浪的豪情。1950 年，她中学毕业时毅然报考了汕头高级商船技术学校，并以优异的成绩被录取。

3 年的校园生活结束后，她背起行囊来到川江上船实习。川江河道弯曲，礁石密布，要在如此险恶的江上安全航行，没有真功夫不行。当李正容踏上“江发”轮，欲上驾驶台时，遭到男船员的婉拒。这倒激发了她闯过川江急流险滩的决心。

李正容（中）带海运中专学生上“南湖”轮学习

接下来的日子，她虚心求教于有经验的船长，很快她就可以亲自驾船驶过川江了。经交通部考核，她领到了“驾驶三副”的执照。半年后，她又被破格提拔为二副、代大副，成为川江上第一个女驾驶员。不久，以李正容及其伙伴为原型的剧本《乘风破浪》被搬上银幕，鼓舞了各行各业的姐妹们。

1. 将无动力、无舵、无锚的万吨报废船引入榕江

20 世纪 60 年代初，李正容惜别川江，来到广州海运局。之后她再次被破格提拔，成为汕头港内港引航员，负责引海船进内港和榕江。

20 世纪 70 年代，有一艘满载汽油的 5000 吨油轮要进入榕江枫口油库码头。由于航道狭窄，此前尚没有这么大吨数的油轮进入过。而如果油轮在汕

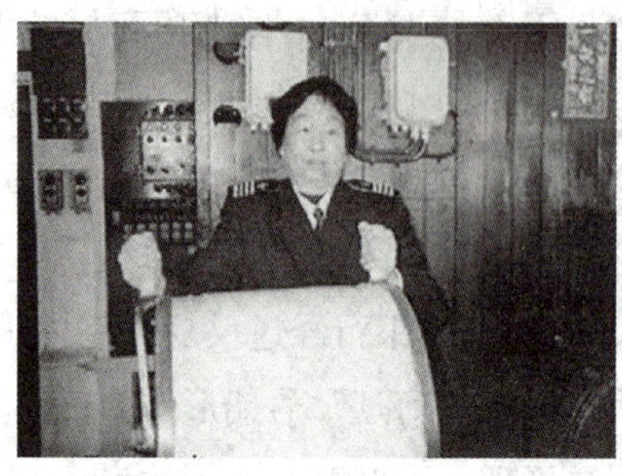

在引航中的李正容

头过驳，不仅会产生高昂的过驳费用，还会耽误船期，过驳过程还存在较大危险性。为此，上级领导专门找到李正容，鼓励她大胆尝试，将油轮引入目的地。然而，船上是满载的汽油，一旦不慎发生事故，后果不堪设想。同为引航员的李正容的丈夫深知其中的艰险，为了不让爱妻涉险他苦苦劝阻，甚至不惜拿出离婚书，“威逼”李正容放弃引领此油轮的任务。但“艺高胆大”又极具责任感的李正容反过来却说服了丈夫。引航那天的凌晨3点多钟，丈夫早早起来为一小时后开航的李正容做了“早餐”。送别妻子后，他一路电话追踪，估算油轮到哪一个节点便打电话去询问情况，一直到早上9点多钟终于听到妻子引航的油轮平安抵达码头后才放心去吃饭。当李正容凯旋时，迎接她的是此前“闹离婚”的丈夫买来的一束红玫瑰，还有丈夫由衷地赞叹：“老婆真棒，比我还厉害！”

同为引航员的余世鹏、李正容夫妻俩

1980年10月，揭西县购买了一艘1.3万吨的美制“小姐”号报废船，准备从汕头拖至榕江拆卸炼钢。然而，要将长144米，宽20.5米的“小姐”号安全拖进狭小的榕江腹地，困难重重。李正容经过几天的思索，设计出一个拖引方案，被专家组采纳。拖引那天，她身着笔挺的制服，背着望远镜和报话机，英姿飒爽地站在驾驶台前，神态自若地指挥3艘拖船，将“小姐”号缓缓引入榕江，在预定的停泊点安全泊定。当榕江两岸的人们获悉是一位女引航员引航时，都情不自禁地为她喝彩。李正容凭着精湛的技术和过人的胆识，在这曾专属于男人的职业中，创下了“连续航海45年安全无事故”和“安全引航30年”的骄人纪录。

2. “意外”发现一个天然良港

1990年，已55岁的李正容到汕头南澳岛给海运学员讲课。第一天授完课后，她漫步来到烟墩湾，出于职业的敏感，她感觉这儿具有天然良港的优越条件。

为验证自己的判断，她多次特意选在台风登陆之际，独自一人划着木筏到烟墩湾测底质流向、流速、水深、回潮量等。一次，正当她凝神观测时，一阵10级海风刮了过来，差点把她卷入大海。

实地观测和查阅了大量有关南澳岛的史料和水文资料后，李正容认为烟墩湾是“粤东闽南最具发展前途的天然良港”，具有建设成为大中型国际港的条件。

李正容将自己的结论和建议上书给汕头市和上级有关部门。随后国家和省有关部门的领导和专家，专程到南澳岛实地考察，在可行性论证会上，与会专家普遍赞同李正容的看法和设想，惊叹于她的远见卓识。

3. 培养海运人才

汕头作为我国南方重要的港口城市，40年前有过一所培养海运人才的学校，即李正容的母校——汕头高级商船技术学校。20世纪50年代，该校北迁武汉后，汕头再也没有一所类似的学校了。李正容经过深思熟虑后，写了一篇题为《关于复办汕头商船职业学校的建议》的文章，认为汕头港口建设发展了，港、航、海人才培养也应该跟上。

文章在当地媒体上发表后，立即引起了强烈的反响。企业家张希正深有同感，他与李正容会面后，立即决定投资400万元，重建海运中专，并委托李正容为筹建处主任。

办完这一切后，李正容没有安享退休生活。她拿起笔来，开始整理几十年引航生涯的丰富经验。几年来，她笔耕不辍，先后写下了60多篇、20多万字有关海运的理论和业务文章，并编写了多种船员培训教材，约30多万字。她把自己因与海运结下不解之缘而得到的宝贵的财富，毫不保留地传授给下一代引航员。

退休后的余世鹏、李正容夫妻俩

三、卢萍：誓言不做船上的花瓶

冬日的长江雾蒙蒙的，有些阴冷，女引航员卢萍走下了舷梯，扶正了帽子，向轮船桅杆上的国旗行了注目礼，心中松了口气，“又一次安全完成引航任务!”

卢萍每次执行完任务都会重复着上面的动作，“干我们这行儿安全至上，安全不仅与个人职业生涯挂钩，还会影响到船东、船厂的业务，甚至是国家形象。”正是为了“安全”二字，卢萍选择“遗弃”了女性本应拥有的快乐生活，担起了“水上第一国门”的使命。

1. 选择引航，选择寂寞

2004 年，22 岁的卢萍在上海海事大学远洋船舶驾驶与航运管理系毕业，她是该专业的首批 18 位女毕业生之一。

“在招聘会上，很多船务公司都表示欢迎女性进入本行业，但本公司暂不考虑女性。”卢萍回忆，“刚毕业就要面临失业，很多女同学被迫转行。”不想就此放弃的卢萍陷入了无尽的等待中。

此时，长江引航中心到上海海事大学招聘应届毕业生，以补充引航员队伍。卢萍看到招聘公告上只注明了专业对口、身体素质等条件，没有说只要男性，心中暗喜，她迫不及待地投了简历。

“我们并没打算招女引航员。”长江引航中心江阴站的主任葛剑平说，“但卢萍来面试时专业条件优秀，态度诚恳。她还一再称，只要男引航员能达到水平，我也一定能行。”

也许正是被卢萍虔诚的态度所打动，长江引航中心决定录取她。“既然你选择了引航这个职业，你就选择了寂寞，选择了常常与家人时常分离、作息时间不规律的生活。”葛剑平有些担心地说，“船上都是老爷们儿，你在船上执行任务肯定会有很多意想不到的麻烦事，可要有思想准备呀！”这一切都没有吓住卢萍登轮的步伐。

2. 不做船上的花瓶

引航员身着制服、头顶国徽，是一个国家航海技术的最高代表。22 岁的卢萍第一次登轮的那天便将此牢记于心，只是良好的愿望并不能带来一路的顺利。

2004 年深秋，按照排班计划，卢萍和一位年轻的师傅登上“南海先锋”号货轮执行引航任务。她提前准备了几套引航方案，将可能发生的风险提前做入方案中，可是登轮后，卢萍却并未能“出手”实施她的引航方案。

“噢，长江上的引航员越来越年轻，现在还来了女引航员啊，太棒了！”美国籍船长大卫笑道，“欢迎，欢迎！”说话间，轮船甲板上的船员们也鼓起掌来。

走进驾驶舱内，大副、二副连忙客气地给卢萍倒了咖啡，让她坐下休息。而一旁的船长开始与卢萍的师傅查看当日的风向、潮汐等数据，讨论引航方案。“我几次想插话，都插不上。船长和船员们只是很客气地让我坐在一旁‘看风景’，”卢萍有些泄气地说，“他们从骨子里认为女人登船只是一剂调味品，对我的技术似乎很担心。”

船长的担心不无道理，在航运发达国家，引航员是多学科复合型人才，需要 5 至 10 年远洋船长的资历。长江水域又复杂多变，在浩瀚的江面上，船来船往，内河通航密度大，断面流量最高达 5000 艘次，大型海轮航行在弯曲狭窄的航段，险象环生，稍有不慎，就会酿成事故。一个瘦弱的女生操纵万吨船舶安全穿行是多么难的一件事。

很快两个小时过去了，船舶停靠在码头，“这一路，我一直都只是旁边观看，什么也做不上。”卢萍那会儿发誓，“我一定要用精湛的技艺在船上挺起脊梁，不再当花瓶！”

卢萍开足了马力学习，钻研海图、推敲方案，谋求书本知识与实践经验的最佳结合。

3. 引航是精雕细琢的雕塑

2005 年 8 月 2 日，卢萍和师傅王强执行“集远”轮引航任务，这是一艘利比里亚籍的散货船，由江阴引领至宝山出口。

8月的骄阳炙热无比，阳光洒在长江水面上，驾驶舱内就像是桑拿房，卢萍的引航制服粘贴在身上。“前一晚，我们刚刚执行完夜航，凌晨才回到基地。”和卢萍一起执行任务的王强说，“小卢在车上时还迷迷糊糊的睡觉呢，一上船就变得特别有精气神儿。”

“左舵10”“微速进”“正舵”“把定”……卢萍有条不紊发出指令，她时而观察雷达，时而目测船距。跟着各位师傅学习的她，俨然已经出师了。

一路上的行船都十分顺利，至宝山交接基地，却不想发生了意外。卢萍走下舷梯即将踏上引航交通船的瞬间，交通船因风浪颠簸怕夹断引航梯，便与“集远”轮空开了一段距离，已经悬在半空中的卢萍脚踏空了，整个人掉进滚滚江水中。

当她清醒时发现已经是躺在医院病床上了。医生说，“你头上缝了4针，要好好休息，不能沾水。”但卢萍此时担心的不是病情，“出了事故，单位还会给我机会执行引航任务吗？”想着想着卢萍就哭了。

那次事故后，卢萍懂得安全的意义并不只是保护船舶、船员，还要保护好自己。

如今，卢萍不仅执行引航工作，还负责引航站的安全知识宣传等工作。“保持正规瞭望，不疏忽、不遗漏任何一艘有碍本船航行的船舶；常测腹中水深，做到心中有数……”已经能独立引航的卢萍常常将她的安全秘诀讲给新来的引航员，“引航工作如雕刻艺术品，我要把女性细致优势融入到每一次出航，精雕细凿出珍品！”

（选自《工人日报》，原文作者于宛尼、王穆，有改动。）

第四节 中外轶事

一、大作家的引航员生涯

世界知名的作家引航员是美国人马克·吐温。马克·吐温原名萨缪尔·兰亨·克莱门斯。他1859年考得引航员证书，担任密西西比河上的引航员，直到美国南北战争导致密西西比河的航运中断，才被迫停止其引航生涯。

马克·吐温

萨缪尔·兰亨·克莱门斯生于1835年11月30日，幼时家境贫困。11岁时因父亲去世辍学，开始到印刷所当学徒，还当过送报员和排字工，稍大一点便外出找活干，其间他有给杂志投稿。21岁时，在密西西比河上当水手，他对轮船上的引航员工作产生极大兴趣，决定拜师学艺。他在密西西比河上4年的引航员生活使他熟悉各式各样的人。这一段经历为他今后的创作提供了许多素材。

萨缪尔·兰亨·克莱门斯当引航员缘于这差使工资高，引航员的薪酬当时名列美国各行业工资的前三位。后来萨缪尔·兰亨·克莱门斯写作就给自己起了个很职业化的笔名——马克·吐温（Mark Twain）。Mark Twain是轮船航行时，水手在船首部测量水深向驾驶台上的船长和引航员报告的术话（即两倍6英尺）。只有达到这样基本的水深，轮船才可以继续向前航行。

在那段岁月，马克·吐温为冒着浓烟的蒸汽机轮船引航。他手中握着长长的单筒望远镜，叼着烟斗眯起眼睛，眺望烟波浩荡的密西西比河，长时间站在驾驶台上，发出一句句口令指挥轮船航行。轮船两舷巨大的水轮在蒸汽机带动下发出阵阵轰鸣，不停地旋转，推动轮船缓缓前行。他的思绪也随着密西西比河两岸风景不断变化，一幕幕往事演绎成精彩的故事被记录下来。

他笔下的人物和场景，大多发生在密西西比河上或河畔的乡间小镇里，生活的积淀和传奇的经历变成了文字，使他成为举世闻名的大文豪。其代表作有《密西西比河上的旧日时光》《汤姆·索亚历险记》《百万英镑》《苦行记》《败坏了哈德莱堡的人》《镀金时代》等，而他为纪念这段密西西比河上的引航生涯，非常职业化的名字——马克·吐温（Mark Twain）也让世人铭记。

（选自《新民晚报》，原文作者孙锡坤，有改动。）

二、收回上海引航权的一个插曲

20 世纪 30 年代，外国航商在中国的势力十分巨大，如太古、怡和、日清等公司都有较大的船队，并在中国各港口都有优良的各种航运设施和办事机构，它们利用不平等条约，肆意破坏我国的沿海航行权、内河航行权，并通过洋人占绝对优势的海关把持我国各主要港口的引航权。但此时除腐败的招商局之外，中国的私营航业也在重重压迫下缓慢地兴起。

在这形势下，处在航海第一线的航海人员深感切肤之痛，在金月石、黄慕宗、陈干清等老一辈航海家的带领下，一线航海人员逐渐形成三个主张：一是中国船应由中国人当船长；二是收回引航权，中国港口应该由中国人当引航员；三是收回沿海航行权和内河航行权。这些主张无疑是正义的，但一线航海人员力量十分有限，仅能向官方写写呈文，向航业界作些宣传而已。

由于五四运动以来所形成的进步力量促使中国人爱国思想的觉醒，不甘屈辱的情绪日渐高涨，形成了一定的政治压力，而爱国人士的长期宣传也有可能起了一些作用，反动当局不得不做出某些姿态。抗日战争爆发前，除日帝势力强大的北方，如政记、直东等轮船公司仍大量雇用日本人充当高级船员外，上海等地各轮船公司的高级船员绝大部分已由中国人任职。日本投降后，北方问题也得到解决，同时沿海航行权和内河航行权除善后救济总署船舶（它以悬挂总署旗帜为名破坏我国沿海航行权和内河航行权之实）外，也可以说是基本收回了。而最后一个代表帝国主义在航海方面的侵略势力的引航权仍在他们手中。

1842 年在英帝国主义的压迫下，满清政府签订了中英“南京条约”，规定上海港为五个通商口岸之一，并允许外商自雇引航员进出港口，这样就把引航权拱手让人，从而形成掌握进出上海港大门的引航员全由外国人充当的局面，他们组成的上海铜沙领港公会控制引航员的进退，独霸引航业务，并组成了“上海铜沙领港公司”，受海关洋人税务司管理，高峰时有引航员三十多人。

1927年，经过长期交涉才有一位中国船长参加进去，抗日战争前最多时也只有五个中国人。最气人的事是中国人在中国港口充任引航员要得到外国人的批准，还要提交高额保证金，在工作上又处处受歧视。太阿倒持，任何一个有志气的中国人都会愤愤不平的。

抗日战争胜利了，“上海铜沙领港公司”仍由海关管辖，海关大权从抗战前的英国人手中转到美国人手中，也就是说仍由洋人把持，上海港的引航员除有两位中国人外其余仍是洋人，总之，在这里一切如旧。

大约1947年，“上海铜沙领港公司”的引航员由于待遇问题跟海关闹翻，停止引航，海关另雇了若干白俄引航员执行引航工作，由于引航技术差，连续出了几次事故，影响很坏，而且人手不足，有时周转不过来，中外航商都有意见。此时担任旧上海航政局的局长黄慕宗，是收回引航权的积极鼓吹者之一；业内人员认为时机有利，奋起组成中国人自己的上海铜沙引水公会，共有七到八个人，回忆得起的有金月石、马家骏、胡熙元、周启新，这里面没有洋人，也没有原领港公司的人。公会推选金月石为新公会负责人，他负责联系业务，安排引航工作（他自己也参加引航），结算账目，等等。于是出现了三足鼎立的纷争局面，海关感到棘手，终于被迫让领港公司由上海航政局管理，这标志着引航权回到中国手中。经过交涉、商讨后决定，海关解雇白俄引航员，新公会自动解散，公会人员或参加领港公司或继续原工作；航政局调派了多位船长包括金月石在内加入领港公司。这样，领港公司发生了变化，中国人的比重大大增加，并有足够的发言权，可以说，为今后全盘接管上海港引航业，创立了良好条件。

开始这一行动时，参与人员对局势的发展无把握，最后取得这样的结果，还是比较满意的。

当然，事情还未彻底解决，如善后总署船舶仍在横行，港口引航员队伍中还有不少洋人等，在全国解放后，中国的主权才真正完整地收回。

（选自《航海》1985年3期，有改动。）

三、失而复得的宁波引航主权

引航权是港口主权的体现。宁波引航界限，是从江北岸到镇海口外七里屿的十一海里港道上，但清政府辱国丧权，把宁波海关连同引航权一并出让给外国人。

鸦片战争时期的宁波港

今日宁波港

1861 年，清政府在宁波任命洋人为税务司，英国人华为士上任后，为了控制海关，制订浙海关关章宁波引水分章。规定中国人不能当船长，引航员也要由外国人担任。

宁波引航站 **1** 号引航员王弘慈老先生

第一次世界大战后，宁波港引航员有 3 人，其中两个是英国人。这两个英国人常酗酒滋事，在执行业务时常常发生撞船、搁浅等事故。1921 年，英国籍引航员酗酒后，把应该引向游山里面的一艘满载中国货物进口船，糊里糊涂地引到游山外面，结果船搁浅，船底漏水，船舱里的白糖全部溶化。这样的事故，当时的政府竟不敢作声，引起了广大航业职工和社会爱国人士的强烈抗议，迫使当局不得不向税务司提出撤换这两个英国籍引航员，选拔熟悉航道的中国人当引航员的要求。那时，税务司和港务长与英国籍引航员之间也有矛盾，见群情激昂，就顺水推舟地同意了。为了取回引航权，当时航业界中颇有声望的周裕昌和顾夏生前去参加引航员的选拔考试，但海关关章规定“引水应试人员不得超过45岁”，而周裕昌和顾夏生都是年近60岁的人。他们为了应试，剃去胡须，显露出体健力壮的身材，的确不减壮年风度。经考核合格，这两人成为宁波港第一代中国引航员。后来，港务长也改为中国人担任，第一任华人港务长为柯秉璋。

周裕昌和顾夏生为把引航技术传授下去，精心培养了忻春泉、徐志良、王兴发3人作为接班人。6年后，周裕昌和顾夏生相继去世，忻春泉、徐志良、王兴发3人也先后学徒期满，成为引航员。王兴发当引航员不到一年就病死，其余两人又把引航技术传授给江良孚等。

1937年，上海“八一三”事变爆发，11月5日，日舰炮击镇海城，宁波防守司令王皋南奉令封锁了镇海口，先后将21艘共2万余吨大小型船舶沉入甬江航道，筑起了一道所谓“海底篱笆”的防线，把主航道阻塞，中间留一道口子，进港船只只能在镇海口外停泊待驳。这样做，封锁了中国的船只，却封不住外国商轮。当时，英美的美孚、亚细亚油轮通过外交手段，照常可以从留出的口子里运进柴油、汽油、煤油，把囤积在宁波的货物装出口，让外国人发了财，也给引航员工作带来了极大困难。

抗日战争胜利后，上海招商局于1945年冬季租用总吨位1050吨的“江凤”轮，派甬港引航员江良孚试航沪甬线。此后，民营的“舟山”“大华”等轮船也参加沪甬线航行。1946年夏季，旅客日增，招商局改派3000吨以上大轮船行驶沪甬线，“舟山”和“穿山”两船改航他线，“大华”轮船改为由上海开温州转宁波，“江苏”轮船改为由上海开海门转宁波。那时，宁波港的引航员只剩下江良孚、徐志良和李高达等师徒3人，江良孚已经是“江亚”轮船船主，宁波航政办事处就与江良孚等3人约好，如有大轮船进港，得到办事处通知后立即有一人去引领。这样处理引航问题很不恰当，但事先没有培养出更多的引航员，临渴掘井，也只能如此。好在那时候进甬港的大型船舶吃水在10呎以上的，一个月里只不过几艘而已，所以还能得过且过。

（选自《鄞州日报》，原文作者吴海霞，有改动。）